はだかの白鳥

阪大大学院卒でAV女優に

藤かんな

飛鳥新社

まえがき

私はAV女優。

たくさんのスタッフがいる中で男優とセックスをし、その映像を人に見てもらう仕事をしている。撮影では複数の男優とセックスをすることもあるし、同性と絡《から》み合うこともある。

改めて書いてみると、すごい仕事だな、と思う。当事者の私ですら思うのだから、この仕事と縁の浅い人は、常軌《じょうき》を逸《いっ》していると思うだろう。

どうしてAV女優になったのだろうか。時たまふと思うことがある。この仕事を始めるまでの、私の人生は飛び抜けて変わったものではなかった。両親には愛されて育ち、大阪大学大学院（理系）を卒業して、一部上場企業に勤めた。そしてその会社で六年半働いた。

この本は、そんな私がなぜAV女優の道を選んだのかを書いたものである。

これを書くにあたって、これまで蓋《ふた》をしていた過去と向き合うことになった。書きながら涙が溢《あふ》れることもあったし、劇的な出来事の数々に笑ってしまうこともあった。私は昔から周囲に、優等生で幸せな人生を送っている子だと思われていたが、人並みにもがき苦しんできたように思う。

そう書くと、ＡＶ女優になるまでに不幸な過去や悲惨な経験があったのではないか、後悔があるのではないかと、想像されるかもしれない。しかし至ってそんなこともない。

むしろ「この人生の決断をした私のセンス、すごいな」と誇らしく思っている。

はだかの白鳥　目次

第二章　ＡＶ女優デビュー――

久々の実家、父の言葉にドキッ
ＡＶ女優になるって決めたのに
ヌードグラビアとこれまでの人生
私は三十歳になろうとしていた
初めてのグラビア撮影
胸がコンプレックスだった
白鳥たちとトウシューズ
『週刊ポスト』が発売された
自分の好きなもの「セックス」
セックスに逃げた過去
プチンと心の灯りが消えた
ＡＶを頑張らせてください
『マドンナ』と専属契約
私の不安は吹き飛んだ
撮影まであと一週間やねん！
「ＡＶする」日がやってきた

第四章 AVがバレエ教室にバレる

第一章

ＡＶ界に踏み込む

志望動機欄、ちっちゃいな

二〇二一年九月八日、私はAV事務所の面接を受けるために有休を取った。私は普段、化学メーカーの会社員で、商品開発の仕事をしている。始業は八時半、終業は十七時半。残業はあったりなかったり。ちなみに副業は禁止されている。なので私がこうしてAV女優になろうとしているのは、とても御法度《ごはっと》なことであり、ただの気まぐれで面接を受けようとしているわけではない。

面接へ行く前日、服装にとても悩んだ。AVの面接にスーツは違うよな。面接で服を脱ぐのかな。それなら下着はどんなものが良いのかな。そんなことを色々と考え、ネットで「AV　面接　服装」や「AV　面接　髪型」などをたくさん検索した。結果、体の線が分かるワンピースと、メイクは清楚系の落ち着いた感じ、髪型は女性らしくダウンスタイルで、一応、下着はTバックにしておいた。ネット情報曰《いわ》く「デートへ行くような格好」である。

十一時に大阪、梅田の東通り近辺の薬局前で、面接官と会う予定だった。オラオラ系の厳《いか》つい人が来るのかなと、口がからからに乾いた。しかしやってきた面接官は、オラオラ系のオの字もないが、愛想《あいそ》もないおじさんだった。年齢はおそらく四十代後半、少しお腹の出た中肉中背。黒の長袖Tシャツにジーンズという、シンプルな服装だった。金のネックレスや時計をつけていないことに、少しホッとしたが、普通すぎて内心がっかりもした。

彼と近くの喫茶店に入った。薄暗い店内で、音楽はかかっておらず、もくもくとタバコの煙が充満していた。店の一番奥の席に座り、面接官はアイスコーヒーを頼んだ。私も慌てて「同じので」と注文した。冷房が効きすぎていて寒かったので、本当はホットコーヒーがほしかったが、メニューを見る心の余裕がなかった。

「書けるところまでで良いので、経歴を書いてください」

面接官が一枚の履歴書を机の上に出した。名前、生年月日、住所、電話番号、趣味・特技、前職もしくは現職、スリーサイズ、風俗経験のあるなし、彼氏の有無、SEXの経験人数、など。一般企業に送る履歴書とは結構内容が違う。志望動機欄、ちっちゃいな。書きながらそう思った。

志望動機に何を書くかはとても悩んだ。まだ私の中でAV女優になる動機が、きちんとまとまっていなかった。逆をいえば、小さな欄内には書き切れないだけの思いがあったのだ。だが初対面の面接官に自分の半生を語るのは気が引ける。「こいつ、暑苦しいな」と思われても恥ずかしい。悩んだ結果、「バレエ教室を開く資金づくりのため」と書いた。これは嘘ではないが、一〇〇パーセント本当でもない。

ある程度、履歴書を書き終え、少々心細くなっていると、面接官が話し始めた。

「こういう仕事は全くの初めてですか？」

「はい、初めてです」

「じゃあまずAVの仕事について、説明しましょうかね」

無愛想な面接官は丁寧にAVの仕事を説明してくれた。

事務所に入るとまず、AVメーカーの面接を受ける。そしてメーカーが決まって初めて、AVの撮影が行われる。AV女優には単体女優・企画単体女優・企画女優と三種類あり、単体女優とはメーカーから専属契約をもらった、いわゆる超人気女優のこと。ギャラも一番高い。あとの二つは単体女優に比べると、ランクもギャラも落ちる。AVの撮影は全て東京で行われるため、事務所やメーカーはほとんど東京に拠点がある、などなど。

「この仕事は身バレの可能性があります」と彼は言った。いくら本人や事務所が隠してもバレることはあると。ある女優が撮影に私物を使って身バレした話などもしてくれた。

身バレの可能性——もちろん気になっていた。会社にバレたら、仕事を辞めることになるのだろうか。親にバレたらなんと言われるだろうか。親戚は、友人は、会社の同僚や先輩たちは……。面接官はＡＶの仕事のことを話し続けていたが、私は身バレのことを考えるのにいっぱいで、話の内容は全く入ってこなかった。

「何か聞きたいことはありますか？」

最後に彼は聞いた。

「病気のリスクはありますか？」

「ないです。ＡＶは撮影の前に女優と男優、両方に性病検査を受けてもらいます。完全にノーリスクとは言えないですが、普段の生活と同じくらい、いやそれよりも病気のリスクは低いと思ってもらって良いですよ」

それを聞いて少し安心した。

一時間ほどの面接が終わり、面接官と別れて駅に向かった。その途中、ふと思った。

そういえば、志望動機について、ほぼ聞かれなかったな。

就活をしていた頃、企業の面接では志望動機をいつも一番に聞かれたし、私も熱い気持ちをいかに伝えるか、何度も練習した覚えがある。しかしＡＶ事務所の面接では志望動機どころか、長所短所、将来のビジョンなども、一切聞かれなかった。それに合否の結果をいつ知らせてくれるのかも教えてくれなかった。

まあ、あかんかったのかな、と気持ちを切り替えて、次の面接に向かった。

「じゃあ服脱いで」

同日十三時、地下鉄四《よ》ツ橋《ばし》駅前で、二つ目の事務所の面接官と合流した。今度こそオラオラ系の人が来るかと身構えたが、やって来たのは四十代前半くらいの細身なおじさんだった。金のネックレスや時計もつけていない。グレーのTシャツにジーンズという、至ってシンプルな服装だ。

「すぐ近くに事務所あるんで、すみませんが、少し歩いてください」

彼はそう言うと、大通りから離れるほうへ歩き出した。

部屋に入って屈強な男がいっぱいいたら終わりやな。ぐちゃぐちゃに切り刻まれる死に方は嫌やな。そんな不安な妄想をしながら彼の後を追った。

事務所はマンションの一室だった。新築らしい綺麗なマンションで、入り口には事務所の看板や表札はなかった。室内は生活感が全くなく、まるでモデルルーム。間取りは2D

Kで、私が一人暮らししている部屋よりずっと広かった。

中に通されテーブルの前に座った。テーブルには卓上カレンダーが一つ置いてあった。事務所の女優だろうか、ヌードの女性がこちらを向いて笑っている。

「お水持ってきますね」と面接官がキッチンのほうへ行った。部屋の中を見渡したが、他にAV事務所を思わせるものは何もなく、部屋には私たち以外誰もいなかった。屈強な男集団も、切り刻むための凶器も、もちろんなかった。

面接官が小さなペットボトルの水と履歴書を持ってやってきた。一つ目の事務所同様、履歴書を書き始めた。相変わらず志望動機欄はとても小さい。

彼はよく喋《しゃべ》る人で、私が履歴書を書いている間、ずっと喋り続けていた。

「○○市に住んでるんだね。僕の昔の彼女が○○市に住んでて、昔よく行ったわ」

彼は○○市の読み方をずっと間違えていた。

「地元は□□市なんだ。僕、その隣の市に住んでたで！ ほらおっきいイオンあるやろ」

私の記憶が正しければイオンはない。

「志望動機は、バレエ教室開く資金を作るためか。良い夢やな。バレエしてるんやったら、体柔らかいよね。それAVに活かせるよ」

それから彼は「僕は昔、男優をやったことがあるんや」と自分の話を始めた。一般人が乗っている電車の中で撮影し、痴漢で訴えられたこと。野外の崖《がけ》の上でセックスをしたが、高いところが怖くて射精できなかったこと、などなど。

「当時は今よりAVの規則が緩かってんなあ」と、彼は懐かしそうに笑っていた。

その後も面接官の自分話は三時間に及んだ。彼はどうやら自分のことを話したがる人のようだ。彼にとって私がどういう人間なのかは、重要じゃないみたい……。

「君には是非うちに来てほしいから、最後に写真撮らせて。裸で。それを東京本社に送るわ。今、本社と連絡が繋がってて、君のこと伝えたら『早く写真送れ』って言うてるねん」

私はもう彼の自分トークでお腹いっぱいになっていたので、まだ何かするのかとため息が出そうだった。実際出ていたかもしれない。

「貴方の写真は以下の目的以外に使用しません」といった内容の契約書にサインをして、彼はデジカメを持ってきた。まず着衣のままでバストアップと全身の写真を一枚ずつ撮った。

「じゃあ服脱いで」

彼の前で裸になるのは正直嫌だった。しかしここまできて「嫌です」とも言えない。嫌だと思っていることを感づかれるのも嫌だったので、さっと服を脱いだ。下着姿のバストアップと全身写真を、正面と横、後ろから一枚ずつ撮った。最後に全裸姿を同じように全方位から撮った。

撮影中、私はカメラレンズの左横に見えた『SONY』の文字を、聞こえない声でずっと呟《つぶや》いた。心を無にするため、そして口角を上げるために。

彼は写真を東京本社へメールで送り、しばらくすると返事がきた。

「本社の奴もぜひ君に来てほしいって言ってるわ。だから、もう東京行く日を決めよう」

急すぎて、さすがに私の気持ちがついていかなかった。

「もう一つ面接を受ける予定があるので、そこを受けてからお返事して良いですか」

「どこの事務所受けるの？」

「エイトマンです」

さっきまで上機嫌で喋っていた面接官が、突然無愛想になり、こう言った。

「ああ、エイトマンね。正直あそこはよく分からんねんな。なんで大阪に本社があるのかがまず謎。AVの仕事は全部東京にあるねんで。エイトマンに行ったら、なんで大阪に本社あるんか聞いてきてや。それでまた教えて」

こうして面接からようやく解放された。

彼からはその後も頻繁にメッセージがきた。

「東京行く前に、前髪を作ろう。AVは可愛い清楚派が人気でるから」

「うちは君をとっても求めてる。こういうのは求められてるところに行ったほうが良いよ」

ラブコールが強すぎて、エイトマンの面接は受けずに、この事務所に決めようかと思ったほどだった。しかし、事務所を二つ見ただけで、人生を大きく左右する決断をしてはいけないと思い、エイトマンの面接も受けることにした。なぜ大阪に本社があるのか、私も聞きたかったし。

逃げたいと思ったエイトマン

九月十一日、この日は土曜日で仕事は休みだった。

十四時、面接場所のエイトマンの大阪事務所へ向かった。ノースリーブでピンク色のサマーニットに、スキニージーンズ、ヒールの高いサンダルを履《は》いて。事務所は心斎橋《しんさいばし》商店街から少し脇にそれたビルの八階にあった。

中に入ると、四十代くらいの男性が奥から出てきた。小柄でガタイの良い人だった。彼も白いTシャツにジーンズというシンプルな服装で、貴金属は一つも身につけていなかった。

「そこ座って、机の上の履歴書、書いて待ってて」

言われたまま、入り口すぐ横の机の前に座り、履歴書を書いた。これまでの事務所とほぼ同じ項目が並んでいた。履歴書を書くのも三回目なのでさっさと書き終わり、彼が戻るまで事務所の中を見回した。

エイトマン事務所には女優の写真集やポスターが、これでもかというほど飾られていた。そしてどれも美しかった。ずっと見ていられた。いや、見ていたかった。AV事務所というより、芸能モデル事務所のようだった。葵《あおい》つかさという人の写真集をそっとめくりながら、私もこんな風に撮られたいな、と思ったことを覚えている。当時は葵つかさの名前すら知らなかった。

男性が戻ってきて面接が始まった。

座った彼と目が合った瞬間、「怖い」と感じた。体は大きくないし、威圧感もない。全身に刺青《いれずみ》があったり、顔が傷だらけだったわけでもない。表現するのは難しいが、彼から感じるオーラが怖かった。私の全てを見透《みす》かされている感じ。圧倒的に自分より大きな存在を目の前にした感じがして、逃げたい、と思った。

しかし私は知っている。これは良い直感なのだ。怖いと思った時こそ逃げてはいけないのだ。

職場で怖いと感じた先輩と一緒に働いたことがあった。彼は自分にも他人にも厳しい人で、時に理不尽なことを言われたし、喧嘩もした。働いていた時間はしんどかったが、彼からはたくさんの知識と経験をもらった。思い返すと、あの頃が一番、仕事を愉《たの》しいと思っていた時期だったかもしれない。「怖い」ものに飛び込むと、いつも自分が正しい方向に向かっていく気がする。だからきっと今、目の前に座っている彼から逃げてはいけないのだ。

面接では志望動機や、身バレの可能性があるけれど大丈夫なのか、などを聞かれた。私はこれまでの事務所同様、軽い返答しかしなかった。そして最後に「何か聞きたいことある?」と聞かれ、すかさず聞いた。

「エイトマンはなぜ大阪に本社があるんですか?」

彼はエイトマンについて熱く話し始めた。

なぜＡＶ事務所を始めることになったのか、彼が幼少期に感じていたこと、エイトマンを立ち上げる前の仕事の話、立ち上げた後の話、人と人の繋がりの話、そして女優に対する想い。

この人、エイトマンの社長なのか、と、彼の熱い話を聞きながら気付いた。

「みんなと同じことしてもおもろないし、勝たれへん。みんなと違うことするから意味があるねん。みんながしないことを本気でするから勝てる。ワクワクしたいもん。ワクワクすることしてたら、それは相手にも伝わる。それについてきてくれる人は絶対いるし、そういう人ばっかりが集まったら、どんどんすごいことができるようになる。正直、大阪に事務所置くメリットはほとんどないよ。でも大阪のちっこいＡＶ事務所が、東京のでっかいＡＶ事務所を差し置いて日本一になったら、むっちゃかっこ良くない？　むっちゃワクワクするやん」

話を聞いて、この人と仕事したい、と強く思った。彼の熱さにとてもワクワクさせられた。一目見て「怖い」と思った直感はやはり間違ってなさそうだ。

「エイトマン来てくれたら嬉しいよ。でも他の事務所も見てるんやったら一度考えたら良い。また連絡ちょうだい」

そう言ったエイトマン社長とＬＩＮＥの連絡先を交換し、面接は終わった。社長の名前は「後藤」さんといった。

事務所を出てエレベーターのボタンを押した。待っている間、目だけを右に動かし、さっきまでいた事務所を見た。後藤さんが入り口に敷いているカーペットに、コロコロをかけていた。こう見ると普通のおじさんなんだけど、むちゃくちゃ熱かったな……。そう思いながら軽く会釈《えしゃく》をしてエレベーターに乗った。

余談だが、私の面接中に胸が大きくて背の高い女性が事務所に入ってきた。今思うとあれはつばさ舞《まい》ちゃんだった気がする。彼女とはＡＶ女優になってから、ユーチューブやグラビアで共演をした。もしこの面接の時にも会っていたなら、彼女とは縁を感じてならない。

後藤さんの熱い話にワクワクした時点で、私の心は決まっていた。面接をした二日後には、自分から「エイトマンで頑張らせてください」とＬＩＮＥした。彼からは「ありがとう」という返事が、にっこりの絵文字付きで返ってきた。あの「怖い」人も絵文字を使うのかと、少し安心した。

翌日、再びエイトマン事務所へ行き、契約書を書いた。この日は事務の人が対応してくれ、後藤さんと会うことはなかった。ホッとしたと同時に少し残念な気分になった。

数日後、「宣材写真を撮る。日程はまた連絡する」と後藤さんからＬＩＮＥがきた。しかし二日待ち、三日待ち……連絡はなかなかこなかった。不採用になったのかな、ＡＶ業界って時間にルーズなのかな、など不安や不信感が募り始めた。

一週間待った頃、もしや私のやる気を試されてるのかと思い、後藤さんにＬＩＮＥした。文面を何度も考え直し、送信ボタンを押すまで半日かかった。

「お世話になっております。宣材写真を撮る日程ですが、いつ頃になりそうでしょうか？いつでも構わないですが、もしかしたら、私のやる気を試されているのではと思い、こちらから連絡させていただきました。この通り、やる気はあります。もしお忙しい時期でしたらすみません。お時間ある時にお返事ください。どうぞよろしくお願いします」

同日、彼から「日程もうちょっと待って、ごめん！」と返ってきた。返事があって安心した反面、「ごめん！」の言葉に、急《せ》かしてしまっただろうかと申し訳なく思った。やる気を試されていると思ったのは、考えすぎだったのかもしれない。

翌日、宣材写真を撮る日程が決まった。三日後の金曜の昼間が予定されたため、会社には有休申請をした。有休取得理由の欄にはなんの感情もなく「私用のため」と書いた。

五十人に一人の良いおっぱい

十月一日、十三時、宣材写真撮影。

服装は特に指定されていなかったが、とりあえず体の線が分かる服に、比較的新しい上下白の下着をつけ、濃いめのメイクをして撮影スタジオに向かった。後藤さんから「芸名を決めるからいくつか考えてきて」と言われていて、芸名候補をたくさん書いたメモを持っていった。

スタジオは大阪西天満《にしてんま》にあるビルの一室。スタジオ前で後藤さんと合流した。宣材写真の撮影なんて初めてだったので、不安と緊張でいっぱいだったが、少しワクワクもしていた。

撮影はまず服を着たままの状態で始まった。カメラマンは優しそうな人だった。

「これからたくさん写真撮ると思うから、どういうポーズ取ったら良いのか、ここで少し覚えておくと良いよ」

そう言って、ポーズの指示を丁寧にしてくれた。

撮影は楽しかった。自分だけにカメラが向けられているのは気持ちが良い。カメラマンから「体幹があるね」や「笑顔良いよ」など褒められると、さらに気分が良くなった。

「じゃあ次は下着姿でいきましょうか」

カメラマンに言われて、服を脱いだ。脱ぐのは少しためらった。やはり恥ずかしかったのだ。しかし、恥ずかしがっていると気付かれるのも嫌で、冬場の冷えた脱衣所にいるかのように素早く脱いだ。

脱いだ瞬間、カメラマンやアシスタント、奥で見守っていた後藤さんも、みんなが驚いたのを感じた。この感じをこれまで何度か経験している。

「服着てると分からなかったけど、胸大きいね！」

カメラマンが言った。私は服を着ていると、貧乳に見えるらしい。これまで私の裸を見た人の九割は「おっぱい大きいね」と驚いた。

「乳首の色、形もすごく良いね。良いおっぱいしてるよ」

薄々気付いていたが、どうやら私は良いおっぱいを持っているようだ。バレエに一所懸命だった頃は憎んで恨んだ、ただの脂肪の塊《かたまり》だったけれど、環境が変われば、このおっぱいは褒められ、私の自信になる。皮肉なものだ。

褒められている時、後藤さんがスタジオの奥で、小さくガッツポーズをしたのを私は見逃さなかった。後で話を聞くと、後藤さんも私を「胸のない子」と思っていたらしい。

「顔の良い子は結構な確率で胸ないねん。でもあなたのは五十人に一人の良いおっぱいやで」

彼は無表情で、でも言い訳っぽく言った。

「五十人ってちょっと少なくないですか？」

少し強気になって聞き返した。

「ほら、この仕事してたら、すっごいおっぱいいっぱい見てるからさ。でもそうやな、百人に一人の良いおっぱいやで」

訂正する彼はなんだかおかしかった。すっごいおっぱいいっぱい。

「藤かんな」誕生

宣材写真の撮影を終え、近くの喫茶店で芸名を相談した。

「私、目元が橋本環奈《かんな》に似てるってずっと言われていて、『かんな』って呼ばれることが多かったんです。なので下の名前は『かんな』が良いかなと思います」

下の名前はすぐに「かんな」に決定した。

次は上の名前である。私が考えてきた芸名候補のメモを見ながら、「この苗字の子はおるな」とか「これは下の名前と合わないですね」などを言い合い、三杯目のコーヒーを飲み始めた時、ひらめいた。

「私の誕生日花は藤なんです。なので『藤かんな』はどうですか。後藤さんの苗字にも『藤』が入っているし」

「藤かんな、藤かんな……。良いね！ 言いやすいし、演歌歌手みたいで少し渋い。何より覚えやすい！ 藤かんなにしよう！」

こうして「藤かんな」は誕生した。

「次はメーカー面接のために東京に行く。日程はまた連絡する」

喫茶店を出て、私たちは別れた。

宣材写真を撮って以降しばらくは興奮が冷めず、ソワソワした日々を過ごした。会社のみんなは、私が「藤かんな」ってもう一つの名前持ってるのを知らんよな。普段は会社員やけど、もう一つの顔はAV女優だなんて、セーラームーンみたいやな。など、日中の仕事をこなしながら、一週間くらいはワクワクしていた。

しかし後藤さんからメーカー面接の日程連絡はなかなかこず、気持ちは徐々に平静に戻っていった。そして代わりに重い不安がじわじわ込み上げてきた。「AV女優になること」

への不安である。

ＡＶ女優になったら、二度と今のような生活は送れなくなるのだろうか。私は今の生活の何が不満だったのだろう。ＡＶ女優は本当にしたかったことなのだろうか……。

宣材写真の撮影から二週間ほど経った頃、後藤さんからＬＩＮＥがきた。

「メーカー面接は来月中旬を予定してる」

あと一カ月もあるじゃないか！　いっそ「やっぱり藤かんなの採用はやめとくわ」って言われたほうが、気が楽になったのに……。

さらに気持ちは重苦しくなっていった。宣材写真まで撮って今さら、ＡＶ女優になることをやめるなんて言えない。しかしあと一カ月も気持ちを保っていられるだろうか。相談できる相手がいないかと、ＬＩＮＥの友達欄を何度も眺めたが、話せるような人はいなかった。いや、誰かに話す勇気がなかった。ここにいる友達は、私が自分のセックスの映像を世の中にばら撒《ま》こうとしている人間だと知ると、どう思うだろう……。

のちに分かったことだが、後藤さんは私に連絡するのをためらっていたそうだ。私の学歴や現在上場企業に勤めていることを知って、この子はＡＶをやらなくても生活していける。そんな子をＡＶの世界に入れて良いのだろうか、と悩んでいたらしい。それらを失ってまでAVをして良いのだろうかと、私のことを考えてくれていたのだ。

それと、この子はAVではトップは取れない、とも思っていたようだ。彼は、AV業界で生き残っていけないかもしれない女の子を、気軽にこの世界に入れられないという気持ちを持った人だった。

ただちょうどこの頃、第一回目の『エイトウーマン写真展』の開催前で、エイトマンのみんなが準備にとても忙しかったという理由もあった。

そんなこと知る由《よし》もない私は、エイトマンへの不信感をも募らせながら、AV業界に飛び込むことへの不安で、頭の中がいっぱいになっていた。

親にバレたらどうする？　親はショックで死ぬんじゃなかろうか。

会社にバレたらどうする？　会社は辞めることになるだろうな。

AVで売れなくなった後はどうする？　私、天王寺《てんのうじ》らへんで野垂《のた》れ死《じ》ぬんかなあ。

夜が眠れなくなった。寝不足が続いたせいで熱を出す日もあった。

親にバレる――これが最も心を重くしている懸念だった。AVの世界に飛び込みたいけれど、両親は絶対に知らないでほしい。バレたらどうなるかなど、恐ろしすぎて想像もできない。できるならば一生隠し通したい。そう思っていた。

誰にも言えない秘密

十一月上旬のある日、会社で上司に呼び出された。四十代半ばの男性の上司だ。まさかAV女優になろうとしていることがバレたのか、と焦った。宣材写真を撮っただけでバレる可能性なんて一ミリもないのだが。

彼は普段あまり使わない会議室に私を呼び出した。

「最近、調子どう？」

本当に探りを入れられているのだろうか。こういう場合の最適な魔法の言葉はこれだ。

「ぼちぼちですね」

私の口だけ笑った顔を見て、彼は「そうか」と言った。

「最近ちょっと、元気なさそうやし、大丈夫かなあと思って。今コロナやし、在宅勤務とかあって、やりにくいことも多いやろ。何か不安なこととかあったらなんでも言うたらええんやで。僕じゃなくても、先輩の白川さんとか。歳近いし話しやすいやろ」

彼は純粋に私を心配していたらしかった。

この時、「実はAV女優をやろうとしてるんです。自分で決めたことだけど、不安で不安でたまらないんです」と、打ち明けたらどうなっていただろう。当時は本当に誰かに話を聞いてほしかった。抱えている迷いや不安を相談したくてたまらなかった。しかしできなかった。なぜできなかったのだろう。

誰にも言えない秘密を持つことが、こんなに苦しいことなのだと、この時、悲しいほど分かった。

「ありがとうございます。コロナが落ち着いたら、みんなで飲みに行きたいですね」

上司にそう言って、会議室を出た。

メーカー面接の日が近づくにつれ、気持ちはますます重苦しくなっていった。その不安を忘れるために、ありとあらゆることをして気を紛《まぎ》らわせた。

まずはバレエ。当時世界的にコロナが蔓延《まんえん》し、在宅勤務が推奨された時期だった。在宅勤務中に二時間ほど抜け出し、よくバレエのレッスンへ行った。バレエ教室の先生からは「会社は?」と聞かれたが、「在宅勤務中なので抜けてきました」と堂々と言っていた。きっとAV女優になったら、いつかは会社を辞めるんだろうと、すでに薄《うっす》ら覚悟していたのだと思う。

次に本をよく読んだ。本は昔から大好きで、読んでいると気持ちが落ち着いた。この時期よく読んでいたのは、宮部みゆきさんの時代小説だ。彼女の本は母が大好きだった。その影響で私もよく読んだ。彼女が書く江戸町人の人情話にはいつも胸を打たれる。母は私が宮部さんの本にハマっていると知って「あなたも宮部さんの良さが分かるようになったか」と喜んでいた。ちなみに母は一週間に六、七冊本を読む、本の虫なのだ。

メーカー面接まであと一週間という頃、友人と食事に行った。七つ年上の男性で、たまに会って食事をする仲だった。彼はサラリーマンとして働いているが、過去には、キャバクラのボーイをしたり、無職になって世界一周をしたり、旅先でイスラム教に入ったりなど、色々な経験をしている人だった。なので彼なら私がAV女優になると知っても、「そうなんですか」くらいの反応で、冷静に話を聞いてくれるのではと思った。少し甘えようとしたのだ。

しかし結局AV女優になることは言い出せなかった。打ち明けたところで、一週間後にはメーカー面接に行くのだし、無駄に彼を困らせてしまうのも良くないと思って言わなかった。

代わりにこんなことを聞いた。

「歳をとるまでにしておいたほうが良いことってありますか？」

彼はハイボールを飲みながら言った。

「自分がしたいことをしたら良いんですよ。僕はそうして好き勝手生きてきたけど、今もこうしてちゃんと生活できています。日本には生活保護っていうスーパー安全網がありますからね」

生活保護――そうか、日本にはそれがあるから、天王寺らへんで野垂れ死ぬことはないのね。

その日、「もう一軒飲みに行こう」と誘われたが断った。彼は私が一週間後にAV女優になるための面接に行くと知っても、もう一軒飲みに誘っただろうか。きっとAV女優になったら、彼との仲が発展することはないのだろう。

入社当初の野望と過酷な現実

この年、私は会社員になって七年目だった。化学メーカーの研究職。理系の大学院までいった結果、摑んだ職種だった。

「私は基礎研究がしたいです。そして自分の携《たずさ》わる研究分野で『一番』を取りたいです」

最終面接、社長の前でそう豪語し、内定をもらった。

内定の電話がきた瞬間、大学の研究室の実験台で思わず立ち上がった。真面目に勉強してきたことが報われるんだと、心から嬉しかった。そして一社会人としての自立。希望とやる気に満ち溢《あふ》れていた。

入社して基礎研究部に配属希望を出したが、それは叶わず商品開発部に配属された。「商品を作るメーカーに勤めたからには、まず会社の商品のことを知りなさい」という理由だった。

商品開発部は非常に忙しい部署だった。配属された初日の退社時刻は二十三時を過ぎた。その後も日付が変わるまで職場にいることが何度もあった。商品のサンプルを作り、テストする毎日。大学で研究してきた専門知識は全く活かされることがなかった。

「自分の携わる研究分野で『一番』を取りたいです」

そんな入社当初の野望は早々に消えてしまった。目の前の業務をこなすことに必死で、自分がこの会社で何を成し遂げたいかなど、考える余裕がなかった。とにかく毎日出勤し、金曜日まで耐え抜く、そんな日々だった。

しかし会社は、社員がどれだけ新しいことにチャレンジしたかを重視した。日々、目の前の業務をこなすだけでは評価されないのだ。当然、私は評価をされず、入社から退職する日を迎えるまで、一度も昇格しなかった。

入社三年目の頃、上司にこう言われた。

「君は人当たりが良いから、少し厄介なチームに入ってもらう。上手くメンバーの間を取り持ってほしい。悪いけど緩衝材《かんしょうざい》になってくれ」

「有休は遠慮なく取ってほしい。君がいなくても仕事は回るから。それが企業であり、僕たちサラリーマンなんだ」

これを言った上司に悪気がないのは分かっている。むしろ私の人当たりの良さを評価してくれ、真面目すぎるところを心配して言ってくれたのだ。しかし「君がいなくても仕事は回るから」という上司の言葉は、入社三年目の私には深く心に残った。お前は誰からも頼りにされていないと宣告されたようだった。

この会社で何かを成し遂げたい、自分はそれができる人間だと思っていた。だがそれはただの自意識過剰だった。所詮「緩衝材」であり「社員A」なのだと。心の中で何かが折れる音がした。

入社四年目が過ぎた頃、徐々に体調が崩れはじめた。生理が止まり、体中に蕁麻疹《じんましん》が出て、血便が出た。

今の働き方では潰《つぶ》れてしまうと、上司に相談をしに行った。すると私は別の部署への異動を薦められた。理系職ではない、これまでの業務とも全く違う部署だった。異動前に意向は聞いてもらったが、異動を拒むことはしなかった。拒む気力もなかった。

「異動をするとキャリアはまた一からのスタートになる。しばらく昇格は難しいけれど、頑張って」

上司はそう言った。すでにこの会社で評価されること、そして「一番を取ること」は諦《あきら》めてしまっていた。キャリアなんてどうでも良くなっていた。

AV女優になると決めた時には、彼氏をつくることや、将来結婚することも諦めていた。AV女優を彼女、もしくは妻にする男性なんていないと思ったからだ。当時は私自身がAVの仕事に偏見を持っていたと思う。「人に堂々と言えない、恥ずかしい仕事」という偏見を。

今は真剣にAVと向き合っているので、そんな偏見はない。AV女優になったことで、AV制作に関わる人たちの真摯《しんし》さや、現場のクリーンさが分かった。AV女優は決して「人に堂々と言えない、恥ずかしい仕事」ではなかった。だが男性からは「AV女優だから彼女にできない、結婚できない」と言われるのも事実だ。

そう言う彼らの気持ちも分かる。もし自分が逆の立場だったら、嫉妬《しっと》を抱いたり、複雑な気持ちになるだろう。相手の全てを許容できない自分を苛《さいな》んでしまうだろう。セックスは自分の子孫を残すための大切な行為。それを自分以外の相手としてほしくないと思うのは、仕方がないのかもしれない。

面接一社目、「野外プレイ」の話

十一月十七日、明日からついにメーカー面接だ。不安な気持ちも一周、いや二周くらい回ってだいぶ落ち着いていた。

「ここまで来てしまったら、もう進むしかない。大丈夫大丈夫」

自分にそう言い聞かせていた。

十一月十八日、朝、五時起床。キャリーケースを引いて新大阪駅から新幹線に乗った。今日から二泊三日、東京でAVメーカー八社の面接を受ける。会社は有休を取った。年休はたっぷり残っていたので問題なかったが、仕事を三日間も休むのは気が引けた。

十時、東京駅に到着。エイトマンのマネージャーの山中さんが迎えに来てくれていた。

「藤かんなさんですね。どうも初めまして、山中です。待ちました？　大丈夫？　では行きましょか」

山中さんは少し強面《こわもて》だったが、威圧感は全くなく、イメージしていたよりも話しやすそうな人だった。「よろしくお願いします」と短い挨拶をして、彼の運転してきた車に乗った。

「今日と明日の二日間で八社のメーカーの面接に行きます。とりあえず今日はこれからメイクスタジオでメイクしてもらって、四社回ります。緊張してますか？　してますよね。でも本命のメーカーは今日の四社目と、明日の四社目です。なので一、二社目くらいは面接の練習と思って、楽にやってもらったら良いですよ。あ、これは大きな声では言えないけどね」

二日間で八社の面接を受けることは前もって知らされていたが、改めて、長丁場になるなと感じた。

「AVメーカーについて詳しいですか？」

「いえ、詳しくないです」

「そうですよね。でも大丈夫ですよ。業界をあまり知らないことが、初々《ういうい》しさとして逆にプラスになったりします」

本当かしら。

「この業界は色んな経歴を持った人がたくさんいて、僕もここ来てから、世間はまだまだ広いことを知りました」

この時はまだ彼の言う「世間はまだまだ広い」にピンときていなかったが、実際にAV業界に入って強く感じたことの一つは、世間は計り知れないほど広い、だった。

山中さんの話は楽しくて、メイクスタジオへ着く頃には、緊張はすっかり解《ほぐ》れていた。渋谷の小さなビルのワンフロアにあるメイクスタジオで、改めてメイクをしてもらった。プロにメイクをしてもらうのは新鮮で、特別扱いされている気分になった。

「さらに良い女っぽくなって良いですね」

メイクの仕上がりを見た山中さんは褒めてくれた。

十二時、メーカー面接一社目。渋谷駅近くのパーキングに車を置き、大きな通りから一本外れた路地にあるビルへ入った。入り口には、漫画的に描かれた水着の女の子の等身大パネルが置いてあった。このメーカーはエッチな漫画やアニメも作っているのだろうか。

三十代くらいのスーツの男性に案内され、山中さんと一緒に応接室に入った。

「担当を呼んできますので、その間にこちらを書いておいてください」

スーツの男性は真っ白の履歴書を出し、部屋から出ていった。ソファーに座り履歴書を書いた。ＡＶ事務所の面接の時に書いた履歴書と、内容は大きく変わらなかったが、「印象に残ったセックスについて」や、「パブリシティの範囲」を答える欄があった。

「パブリシティの範囲ってなんですか」

「メディアにどこまで顔出しできるかです。雑誌は顔出しＮＧとか、海外配信動画は顔出しＮＧとかを女優が決められます。ただ、範囲を狭めてしまうと、売れる確率は、下がりますよね」

顔出し範囲を女優の意思で決められることに驚いた。女優の権限はわりとあるようだ。しかしここまできてしまったからには、パブリシティは「全開」の一択である。

履歴書を書き終わった頃、面接官がやってきた。四十代くらいの、小柄で眼力の強い男性だった。

「志望動機について詳しく教えてください」

「四歳から続けていたクラシックバレエの夢を叶えたくて、バレエ教室を開く資金作りのためにＡＶ女優を志望しました。今もバレエは続けているので、体は柔らかいです」

体が柔らかいアピールは特に触れられず、面接は続いた。

「これまで付き合った男性の人数より、セックスした男性の人数が多いようですね」

「はい。不特定多数と遊ぶ時期もありました。でも、ある時から自分の体を粗末にしているような気がしてやめました。でもセックスは好きです」

真面目だけどセックスは好きですアピールもノータッチで流された。

「一番印象に残っているプレイについて、詳しく教えてください」

「蛍《ほたる》を見ながら野外プレイをしました。『あの蛍たちも相手を求めて光ってるんだよね』なんて言いながら、当時付き合っていた彼としました。とてもロマンティックなプレイでした。他にも野外でコスプレプレイを――」

「野外でコスプレですか。場所はどこだったんですか」

クリスマスの夜、彼が買ってきた布面積の少ないサンタクロースの衣装を着て、街中の公園でセックスをした。誰かに見られるかもしれないというゾクゾクより、冬の寒さでゾクゾクしたのを覚えている。

この話に面接官は少し笑っていた。淡々と素気《そっけ》なかった彼が少し興味を示したのを見て、膝の上の拳を握った。

その後も、好きな体位は何か、セックスの時にイケるかどうか、NGプレイなど、日常生活ではあまり聞かれないことをたくさん聞かれた。はじめは答えるのが恥ずかしかったが、そんな気持ちもだんだん薄れてきて、終盤では面接自体を楽しんでいた。

最後に裸の写真を撮ることになった。初対面の人たちの前で脱ぐことに、やはりまだ抵抗があった。しかしためらっていると思われるのが嫌だったので、宣材写真を撮った時と同様、さっさと脱いだ。顔のアップ、上半身、全身、正面、横、背面と写真を撮った。刑務所に入る人の写真って、こんな感じで撮られているのかな、そんなことを考えながらカメラを見つめていた。

一社目の面接が終わり、二社目に向かう車の中で山中さんに聞いた。

「あんな感じで良かったですか？　悪かったところがあれば教えてください。業界ならではの暗黙のルールがあったりしませんか」

「完璧です。むっちゃ良かったですよ。やっぱり会社員してるからですかね。受け答えしっかりしてたし、話も分かりやすかったです。印象的なプレイの話で、面接官も少し楽しんでましたよね。もっと慣れてくると思うので、次もこの調子で頑張りましょう」

まあ褒めるしかないわな、と思いながらも、少し自信がついた。

「次のメーカーは六本木です」

六本木と言われても、ここから西か東かも分からない。一社目の面接の興奮が冷めぬまま、流れていく東京の街を車の窓から見ていた。

事務所ですれ違った女の子たち

十三時半、二社目のメーカーに着いた。会社は雑居ビルの五階にあった。中に入ると、女優のポスターが至るところに乱雑に貼られており、事務所の中も人が忙しそうに動き回っていた。

面接の順番を待つ間、入り口付近のパイプ椅子に座っていた。奥の部屋から五十代くらいの男性と、二十代くらいのツインテールの女の子が出てきた。女の子は暗い顔をして、「今日は気分が良くなかったから。……を飲んだら上手くできるから」と、下を向いてボソボソ呟いていた。話している内容はよく聞こえなかったが、私は思わず目を逸《そ》らした。彼女のまとっている空気が痛々しく、見てはいけないものを見た気がしたからだ。一緒にいた男性は「もう良いから、行くよ」と少し乱暴な口調で言い、女の子と一緒にエレベーターで降りて行った。

彼女はとても切羽詰《せっぱつ》まっている様子だった。一体、何があったのだろう。面接が上手くいかなかったのだろうか。それとも嫌々この場に連れてこられたのだろうか。彼女はどういった事情でＡＶ業界にやって来たのだろう。

私はエレベーターの近くに立っていた山中さんを見た。しかし彼は私の視線には気付かず、無表情に壁に貼られたポスターを眺めていた。この出来事が印象に残りすぎて、その後の面接はあまり記憶がない。

再び車に乗り、三社目に向かった。

「次は新宿です」

窓からどれだけ外を眺めても、東西南北どちらに向かっているのか、さっぱり分からなかった。ただ、東京にいるのだな、とずいぶん遠くに来てしまった気がした。

十五時。三社目はビルの七階で、エレベーターの中で着ていたコートを脱いだ。

「やっぱり会社員ですね」

山中さんが突然、私に言った。

「取引先とかに会う前って、建物に入る前にコート脱ぐじゃないですか。さすが会社員やってるだけあって、ちゃんとしてるなと思って」

コートを脱いだだけで褒められたのは初めてだった。建物の中に入る前に上着を脱ぐのは、社会人になってから、大人のマナーとして教えられた。神経質で変なルールだなと思ったが、そのルールを律儀《りちぎ》に守っている自分もいた。

三社目の面接では理系の大学院を卒業したことに、とても興味を持たれた。

「僕の母の姉の息子の娘が、去年、藤さんと同じ大学に入ったんです。しかも理系。すごいっすね」

四十代くらいの面接官が嬉しそうに親戚の話をした。僕の母の姉の息子の娘って、なんか難しいな。簡単に言えば従兄弟《いとこ》の娘やん。

履歴書に沿った面接が終わり、私の写真を撮るために面接官が一旦席を外した。その部屋では衝立《ついたて》を挟んだ私の隣の席でも面接が行われていた。

「私、英語が得意なんです」

面接を受けている女の子が言った。

「すごいね。じゃあ自己紹介を英語で言ってみて」

面接官に促《うなが》されて女の子が英語で自己紹介を始めた。彼女の英語を聞いて、そのレベルで英語得意ってよう言えたな。すごい肝《きも》っ玉《たま》やなと感心した。そして彼女が一体、どんな顔をしているのか見てみたくなった。

その時、面接官が立派なカメラを持ってきて、「ちょっと部屋を移動します」と言った。

部屋を出る時、隣の女の子の頭の先が見えた。金髪だった。

三社目の面接が終わり、四社目に向かった。

「次は目黒のほうに行きますよ」

目黒がどこにあるのかは分からない。しかし聞いたことのある東京の地名を聞いていると、海外旅行に来たようでワクワクした。

ナンプラー顔の面接官

十七時、四社目。この日の本命のメーカーだ。少し落ち着いた街中にあるビルの八階だった。

応接室に通されて履歴書を書き、しばらくすると二人の男性がやってきた。一人は東南アジアの人を思わせる独特な濃い顔つきをしていた。もう一人は黒縁《くろぶち》メガネに黒い髭《ひげ》を生やしていて、彼も顔が濃かった。

「彼、一応日本人なんですよ。顔が濃いからナンプラー顔って言われてるんです」

黒縁メガネの男性が、東南アジア風の男性を指して言った。ナンプラーってなんや、と思いながら「そうなんですね」と笑った。面接が終わったらナンプラーを調べてみよう。

面接では今勤めている会社での業務内容について聞かれた。

「藤さんは会社で商品開発をしているようですが、新商品の開発ってどうやるんですか？」

この質問の意図はなんだろうと、一瞬考えた。私が本当に会社員をしていることの確認か、自己プロデュース能力の有無を測られているのか。咄嗟《とっさ》に判断がつかなかったため、ありのままを答えた。

「新商品開発はまず市場調査から始めます。市場で何が流行《はや》っているのか、今後、消費者はどのようなものを求めるのか。実際に消費者にアンケートを取ったりして調査し、分析します。そこで得られた結果をもとに、新商品のコンセプトとストーリーを考えます。自社のブランドイメージに合い、且《か》つ、自社商品同士でカニバリしないように、慎重に企画を練っていきます。企画がふんわりしたまま見切り発車でプロジェクトを進めて、開発の終盤でペンディングになった、なんてこともあって……」

話し終えると、場はしばらく静まり返った。この回答はハズレだったかもしれない。ひやひやしながら誰かが何かを言ってくれるのを待っていると、ナンプラー顔の面接官が口を開いた。

「とても筋が通っていて、感心してしまいました。どの業界もやっぱりそうやって新商品を作っていくんですね」

とりあえずハズレ回答ではなかったようだ。この質問は彼のただの好奇心だったのかもしれない。

その後、バレエについても聞かれた。

「バレエ教室を開くためにAVをやるとのことですが、あなたがAV女優だと知って、我が子をその教室に預けたくない、と思う人も出てくるのではないですか」

意地悪な質問やな。これ聞いてどうすんねやろと、不快に感じた。しかし感情の勢いで答えてはいけない。「そうですね」と相槌《あいづち》を打ちながら七秒数え、気持ちが落ち着いてから答えた。

「そう思う人もいると思います。でも、そう思わない人もいると思います。私がAV女優だと知っても習いに来てくれる人に、バレエを教えたいです。私にバレエを教わりたいと思ってもらうためにも、AVの仕事でしっかり結果を残したいと思っています」

面接官は二人とも頷《うなず》いただけで、何も言わなかった。最後に私の写真を撮り、面接は終わった。一日目の面接は全て終了した。

「お疲れさまでした！　疲れましたよね」

山中さんはハイタッチせんばかりに労《ねぎら》ってくれた。しかし意外と疲れは感じていなかった。御茶ノ水あたりのホテルまで送ってもらい、コンビニでサラダとおにぎりを買い、軽い夕食を取った。そして風呂に入りベッドに横になった瞬間、記憶がなくなった。疲れていないと思っていたのは、勘違いだったようだ。新しい世界に触れたことに興奮していただけだったのだろう。

「いやらしく舌を出して」

翌日、メーカー面接巡り二日目。山中さんが十時にホテルに迎えに来てくれた。この日も彼の運転する車で、昨日と同じ渋谷のメイクスタジオに連れて行ってもらい、ばっちりメイクをした。

「今日も四社の面接に行きますが調子はどうですか。さらに良い女っぽくなって良いですね」

メイクの仕上がりを見て、山中さんが言った。昨日と同じ褒め言葉やないかい。

十二時半、面接一社目。新宿にある年季《ねんき》の入った小さなビルの二階だった。肩パッドのやたら大きな五十代くらいの男性に案内され、山中さんと一緒に奥の応接室へ入った。ビデオカメラを持った恰幅《かっぷく》の良すぎる男性が現れ、肩パッドの男性と一緒に私たちの目の前に座った。この日もこれまでと同様、履歴書を書き、面接は動画を撮りながら行われた。

「大学院卒の理系なんですね。インテリ理系ってエロいですよね」

「AV女優になったらどんなプレイしてみたいですか」

「うちに来てほしいけど、エイトマン女優さん、なかなか来てくれないんですよね」

肩パッドの男性がずっと話をしていた。

「では、このカメラの前で、いやらしく舌を出してみてください」

恰幅の良い男性が喋った。机越しにカメラが近寄ってくる。

なんか、やだな、と、嫌悪感を覚えた。カメラを持った彼から、私的な感情が垣間見《かいまみ》えた気がしたのだ。彼は私が舌を出した様子をあらゆる方向から撮った。まさに舐《な》めるようにカメラが動いていた。メーカーの面接をしてきて、初めて鳥肌が立った。その後、全身の様子もカメラに収め、面接は終了した。

ビルを出て車に向かう間、今日これからの面接、大丈夫だろうかと、少し不安に思った。一社目の面接は、気持ちにエンジンがかからなかったからだ。昨日の疲れかとも思ったが、それは言い訳でしかない。さらに面接中のあの嫌悪感も、これからを不安にさせた。AV女優になれば、どんな人とも、どんな状況でもセックスをすることになる。それなのに「いやらしく舌を出して」と言われたくらいで嫌悪感を覚えるようでは、この先、AV女優なんてできるだろうか。AV女優に挑戦しようとしていることは、やはり間違っているのではないだろうか。山中さんの運転する車の中で、窓の外をぼんやり眺めていた。

マジックミラー号と心の暗雲

「次はマジックミラー号のシリーズを作ってる会社ですよ」

「え！　そのシリーズ、大好きなんです」

もやもやしていた不安が消え、気持ちにエンジンがかかってきた。私はマジックミラー号のシリーズのAVが好きで、よく観ていたのだ。

マジックミラー号とはトラックの荷台をマジックミラーで覆《おお》った移動スタジオのこと。荷台部分は外からはただの鏡にしか見えないが、中からは外が丸見えになっている。その荷台の中でエッチなことが繰り広げられるのだ。マジックミラー号シリーズは、AV女優ではない一般の人が出演していると思っていた。マジックミラー号に連れて来られた女性は、エッチなことをされる前に、年齢や職業、過去の彼氏の人数などをインタビューされる。それをドキドキして観ていた。私もいつかマジックミラー号に突然連れ込まれないかな、なんて憧れもしていた。当時AVはノンフィクションだと思っていたのだ。

十四時、二社目。案内された部屋には、壁一面に歴代のAV作品が陳列されていた。もちろんマジックミラー号シリーズもかなりの数がある。食い入るように陳列された作品のタイトルを見ていると、あるシリーズのタイトルが強烈に目に飛び込んできた。

「人生初の黒人解禁！　黒人デカ○○串刺し」

「グラスより太い肉棒を……」

「肛門解禁！　極太サンドイッチで……」

いわゆる「黒人もの」である。作品のパッケージを見て恐れ慄《おのの》いた。

痛いの嫌だな。お尻も嫌だな。マジックミラー号にときめいていた高揚感は冷め、また心に暗雲が立ち込めた。面接は鬱々《うつうつ》とした気持ちのまま、そつなく終わった。

次のメーカーへ向かう途中、山中さんに聞いた。

「黒人との共演もあるんですか。お尻もいつかは挿《い》れられるんですか」

山中さんは、即座に答えた。

「女優さんが希望しないなら絶対ないです！　女優さんがNGとするプレイは、絶対してはならない決まりなんです。それにエイトマンは、偏《かたよ》ったというか、視聴者を絞るシリーズに女優を出演させることはあまりしません。幅広い視聴者に観てもらいたいですからね。女優が上品で綺麗であることを大切にしています」

それを聞いて少し安心した。しかし売れなくなってきたら、NGプレイも解禁しなければならないのではないだろうか。それがビジネスの道理だろうし、この業界もそんな優しくはないだろう。心の暗雲は消えなかった。

十五時半、三社目。面接官は初めての女性だった。三十代くらいの小柄な人で、溌剌《はつらつ》とした話し方をする人だった。彼女も小さい頃からバレエをやっていたらしく、面接ではバレエの話で盛り上がった。

「かんなさんがバレエ教室を開いたら絶対通いますよ。週八で通いますよ。でも仕事忙しくて行けないことも多いと思うので、パーソナルレッスンしてください」

「バレエしてて胸が大きくなるの嫌ですよね。ジャンプのたびに揺れるだろうし、男性との練習も気になりそう。なんでバレエってペチャパイばっかりなんでしょうね。胸の大きい人がもっといても、良いのにね」

「かんなさんアンダーヘアない？　そうですよね。バレエやってたら脱毛しちゃいますよね。レオタードからはみ出たらやだもんね」

女子会のように面接は進み、楽しい空気のまま写真撮影に移った。面接官は「バレエは絶対活かしたい」と言い、アイ字バランスや、百八十度開脚をした写真を撮った。私の強みを把握してくれているようで嬉しかった。

面接官は最後にこう言った。

「バレリーナで理系の院卒でしょ。うちのメーカーはそういうの大好きなんです。良いなあ、こんな女子に、朝起きて横にいてほしいな」

彼女はそう言いながら、裸のまま横向きに寝ている私の写真を撮っていた。そして面接は終了した。

「藤さんがさっきのメーカーに入ったとして、いつかあの面接官が、藤さんのバレエ教室もプロデュースしたら面白いですね」

山中さんが次のメーカーへ車を運転しながら言った。「男性のバレリーナを増やせるかもしれませんね」などと話に花が咲いた。気付けば私の暗い気持ちはすっかり消えていた。

本命メーカー『マドンナ』

十七時、私たちは六本木の茶色いビルの前に立っていた。二日間にわたる面接巡りの最後、人妻・熟女ナンバーワンメーカーの『マドンナ』だ。私の本命メーカーでもあった。

看板もない無名のビルに入ると、受付にはとても綺麗な女性が立っていた。山中さんが受付を済ませ、私たちは応接室に通され机の前に座った。応接室は他にもたくさんあり、隣の部屋でも打ち合わせがされているようだった。

部屋の扉が開いた。「面接が始まる！」と背筋《せすじ》が伸びた。しかし入ってきたのは、受付にいた綺麗な女性だった。ウーロン茶を持ってきてくれたのだ。私は横着にも手を使わずに、体を猫背にして、ストローからウーロン茶を吸った。その時、再び扉が開いて、男性が二人、入ってきた。マドンナの面接官だった。猫背で上目遣いの私と目が合った。ついさっきまで綺麗に背筋を伸ばしていたのに……残念な状態の私を見られてしまった。

面接官の一人は、髪をセンターで分け、眼鏡をかけた冨野さん。もう一人はキャップ帽を被《かぶ》って、つぶらな目をした安井さんだ。基本的に冨野さんが、私の書いた履歴書を読みながら、面接を進行した。

「社内の男性の同僚とも、体の関係を持ったことがあるんですか。なんかエッロいですね。それだけでVになりそう」

「理系の大学院卒で、今もバレエをしている。喋り方から知性を感じますもんね。そして圧倒的な品《ひん》。それなのに、性に奔放だなんて……。ズルすぎますね」

冨野さんは楽しそうに面接を進めた。そして履歴書が真っ黒になるくらい、私からの返答を書き込んでいた。彼の熱心さが伝わってきて、私もどんどん自分のことを話した。しかし冨野さんからはどことなく、得体の知れない空気を感じ取っていた。彼の笑顔は目が笑っていなかったのだ。

面接の中盤、NGプレイの内容を確認された。

「お尻さんに挿れるのはNGということですが、お尻さんを指で触るとか、お尻さんを舐められるのは大丈夫ですか？」

「かんなさんが男優のお尻さんを触ったり、舐めたりするのはどうですか？」

冨野さんはアナルのことを「お尻さん」と言った。それが妙に気になって仕方がなかった。この人、ちょっとサイコパスなんちゃうか？　笑わない目で「お尻さん」と連呼する彼を見てそう思った。

のちのち教えてもらったことだが、冨野さんはマドンナのプロデューサー長で、恐ろしく仕事のできるキレ者らしい。そして何事に対しても真っ直ぐな人だそうだ。彼とは私がマドンナ専属女優になってから、撮影現場で何度か会うことがあった。現場での彼はとても腰が低く、女優のことをとても大事に思っているのが伝わってくる。今ではそんな彼に大きな信頼感と安心感を抱いている。冨野さん、面接の時はサイコパスとか思ってごめんね。

面接の最後に写真撮影をした。ここでもアイ字バランスなどをして、体の柔らかさを見てもらった。撮影をしてくれていた安井さんは途中、こう言った。

「舌を出してもらえますか？」

この言葉、今日の一社目でも言われて気色悪かったな、と思ったが、この時はなぜか嫌悪感を全く覚えなかった。おそらく彼の言い方が無感情で事務的なものだったからだろう。言われた通りに舌を出すと、さっきまで無感情だった彼は、舌の写真をむちゃくちゃ撮りだした。

「良いですね。この舌はエロい」

安井さんは少し興奮しているように見えた。舌がエロいと言われたのは初めてだった。

しかしどうやら私は本当に舌が良いようで、AV女優になってからも撮影の現場で「舌づかいがエロい」「舌がかっこ良い」などと頻繁に褒めてもらった。

写真撮影の最後に冨野さんは言った。

「上品で知的で綺麗な体。こんな女性に誘われたら最高よね」

彼は興奮して楽しんでいるようだったので、ここはふざけて良いところかなと思い、「やだぁ、もぉ♡」と返した。すると冨野さんは、「きゃーー」と、ぴょんぴょん飛んで悶《もん》絶《ぜつ》するふりをしてくれた。楽しい面接だった。

二日間に及ぶメーカー面接が終わった。山中さんが東京駅まで送ってくれた。

「結果は後日、後藤さんから連絡があると思います。ではまた」

両親のことを思い出していた

帰りの新幹線、サンドイッチを食べながら、二日間の面接を振り返った。

普段、人に言わないことたくさん喋って、人前で服も脱いで。自分を晒《さら》した二日間だった。でも実際AV女優になったら、セックスすらも大衆に晒すことになるのだ。それってもう、全部やん……。面接の高揚感が冷めやらぬ一方で、拭《ぬぐ》いきれない不安が、心に暗いモヤを作っていた。

夜十時、新大阪駅に着いた。街中に溢れている関西弁にホッとしながら、ＪＲ線に乗り換えた。電車に揺られながら、ぼんやりと昔のこと、両親のことを思い出していた。

両親には愛されて育った。彼らは私のやりたいことをなんでもさせてくれたし、応援してくれた。勉強に関しては一度も強《し》いられたことはなく、「たまにはぼーっとしいや」とよく言われていた。バレエに関しては「いつでもやめて良いねんで、お金かかるから」と笑いながらも言われ続けていた。両親はいつも見守ってくれていた。

このまま実家に帰りたいなあ。そう思いながら、耳のピアスを触った。考え事をする時にピアスを触る癖がある。そういえば、私がピアスの穴を開けた時、父はどことなく悲しそうだった。

高校を卒業して、大学入学前の春休み、私は早速、耳にピアスの穴を開けた。大人への仲間入りをしたようで嬉しく、家にいた父に見せた。

「ピアス開けてん。ちょっと痛かった」

父は「そうか」と、笑っていた。

「来週は髪染めに行こうと思ってるねん」

父は微笑むだけで何も言わなかった。「お風呂入ってくるわ」と私の横を通り過ぎようとした時、私の頭に手を置いて、こう呟いた。

「もう少し子供でおってくれ」

突然のことに、何も言えなかった。父は何事もなかったかのように風呂場へ向かっていった。彼の背中を見ながら、お父さん、なんか小さくなってるな、と思った。私が成長するということは、父は老いていくということ。その時、初めて気が付いた。そして思わず、父の背中から目を逸らした。父が老いる事実を認めたくなかったのだ。その日から十年間、私は髪を染めることができなかった。

私がAV女優になるって言ったら、父はなんと言うだろう。どんな顔をするだろう。父が悲しむ姿を見るのは耐えられない。しかし今、自分のしようとしていることを、止めることもできない。なぜ止められないのかも分からない。

もう子供ではおられへんってことかもしらんな。そう無理やり自分の中に答えを見つけ、言い聞かせ、何も考えないようにしていたら、家に着いていた。

土日はあっという間に過ぎ、いつもと変わらない月曜日がやってきた。朝六時半に起きて、会社へ出勤。八時半に始業のチャイムが鳴り、メールチェック、他社との面談、会議の資料作り、などなど。恐ろしいほどいつも通りの日常だった。しかし、仕事にはあまり身が入らず、終業のチャイムとともに、いや、少しフライング気味で退社をする。そんなそぞろな月曜から金曜を過ごした。

久々の実家、父の言葉にドキッ

週末、久々に実家へ帰った。特に用事はなかったが、なんとなく安心できる場所へ行きたかったのだ。両親は突然の私の帰省に、喜んでいるようだった。

「いやあ、綺麗な格好してるやん。この服どこで買ったん」

「良いでしょ。阪急で買ってん」

「阪急なんて高かったんちゃうの。それよりちゃんとご飯食べてるの？」

「食べてるよ。あ、そうや。また面白い本見つけたで」

母とは仲が良い。私が思春期の頃は、バレエが原因でご飯を食べなくなったり、大学受験の前にイライラしたりと、いつも近くにいてくれた母にとって、私は腫《は》れ物のような存在だったと思う。衝突することも多かったし、たくさん苦労をかけた。しかし、大学生になり実家を出てからは、一緒に美味しいものを食べに行ったり、服を買いに行ったり、面白かった本の情報を共有したりと、良き女友達のようになった。

父は寡黙《かもく》な人だ。しかし父と私は性格が似ているのか、馬が合う。それでも高校生の頃は特に理由なく父が嫌いになり、大学受験のイライラも相まって、衝突することもあった。だが私が一人暮らしをするようになってからは、また仲が良くなった。父と一緒にいると不思議と落ち着く。父もよく言った。

「お前と一緒にいると、なんか落ち着くわ」

親子だから当たり前なのだろうが、そう言われると、いつも嬉しかった。

母が晩ご飯の支度《したく》をしていて、父と私がテレビを見ていると、彼は突然聞いてきた。

「最近、仕事どうなんや」

ドキッとした。だが、平静を装いこう答えた。

「ぼちぼちかな」

胸をギュッと締めつけられるような、嫌な気分だった。やはり「AV女優になるわ」なんて、今はまだ言えない。

「そうか。まあ今の会社に固執することはないし、なんでも自由にやったら良いけど、転職は今じゃないぞ」

父は何を思ってそう言ったのだろう。この頃はコロナの全盛期だった。だから単にコロナ禍で働き口が減っていることを言いたかったのか。それとも私から何かを感じ取ったのか。何も返事ができないまま、ぼんやりとテレビを見ていた。飲食店が軒並《のきな》み閉店を余儀なくされているニュースが流れていた。

それから私は悩んだ。むちゃくちゃ悩んだ。寝ても覚めても、これでもかというほどに悩んだ。「本当にAV女優になるかどうか」である。

この頃よく頭の中を整理するために、思ったことをノートに書いた。私は小学生の頃からずっと日記をつけていて、今も気持ちの整理をつけたい時は、文字にして書いている。この時期につけていた日記は、かなり浮き沈みが激しい。

「一度きりの人生、やりたいことをやる」

「ここでやらなければ、きっと後悔するはず」

そんな強気なことを書いた次の行には、こんなことを書いている。

「本当にバレエ教室を開くためにAVやるんかな。AVしなくてもバレエ教室は開けるよね」

「両親は悲しむだろうって思ってるのに、なんでそこまでしてAVしようとするんだろう」

答えのない自問ばかり。まるで二人の人間が日記を書いているようだった。

そしてこの時期、自己分析を何度もやった。就職活動時代に戻ったようだった。理想とする自分の姿、自分の強み・弱み、やりたいこと・やりたくないことなどを思いつくままに書き、それらを整理して、自分が本当にしたいことを見つける。とにかく頭の中を整理しようと必死だった。整理して納得できる答えを見つけたくてもがいていた。常に何かを考えていて、眠れない日々が続いた。

AV女優になるって決めたのに

十二月頭、考えすぎて気が狂いそうになった私は、思い切ってエイトマンの事務所に行った。後藤さんに話をするためだ。

「AV女優になるって決めたんですが、やっぱり悩んでるんです」

後藤さんの目は見られなかった。宣材写真を撮って、メーカー面接も行ったのに、こんなことを言い出すなんて、情けなさと申し訳なさでいっぱいだった。きっと「はぁ？　今さら何言ってるねん」と言われるのも覚悟していた。しかし、彼は静かにこう言った。

「なんとなく分かってたよ」

ハッと顔を上げ、後藤さんを見た。彼の目には怒りも同情も何もなかった。

「そりゃデカい決断やもんな。顔の綺麗な子、胸のデカい子はどんどん出てくるし、AV女優の入れ替わりは激しい。でも、俺はエイトマンに入ってくれた女優は、絶対勝たせるつもりでいる。デカい決断して入ってくれたんやもん、こっちもかなりの覚悟を持って闘う」

私はただ彼を見つめた。後藤さんは続ける。

「AV女優になると失うものはあるけど、得るものはかなりデカい。俺は十五年間AV事務所の社長をやってきて、それを実際に見てきた。『AV女優なんてなったら人生終わりや』って簡単に言う奴たくさんおるけど、そんなん思ってる奴のほうが終わりや。みんな絶対幸せなるねん。本気で闘って、本気でやり続けたら、絶対に幸せなるねん」

後藤さんの言葉を聞いて、この人は本当に愛を持って女優たちと向き合ってるんだ、と感じた。だから事務所には、女優のポスターや写真集がひしめくように飾られているのだ。

しかし寝ないで自己分析までした私の心は、後藤さんの熱を受けても動くことがなかった。

「後藤さんと会ってワクワクしたのは確かです。私の本当に輝ける舞台はここなのかなって思いました。でも、やっぱり怖くて……。わがまま言ってすみません。ＡＶ女優になることは、もう少し考えさせてください」

社長は何も言わずに頷いた。

事務所を出て、駅に向かった。気分はずっと晴れないままである。ＡＶ女優になれば、人生は大きく変わるのだろう。得るものがあれば、失うものもたくさんあるのだろう。会社を辞めることになるかもしれない。生涯独りで生きていくのかもしれない。そして両親にバレたら……。彼らは私になんと言うだろう。私は何を話すだろう。ＡＶ女優になる決心をできずにいる現状。これが私の本心ではないだろうか。本当はＡＶ女優になるなんて気の迷いだったのではないだろうか。どうすれば良い。何が答えだ。ＡＶ女優になる決断をやめて後悔はしないのか。ＡＶ女優になって後悔する日がくるのだろうか……。家に向かう電車の中、右から左に流れる風景を見ながら、延々と解決できない問題を考え続けていた。

ヌードグラビアとこれまでの人生

ＡＶ女優になることを保留にして三日後、後藤さんから突然ＬＩＮＥがきた。

「グラビア。どう?」

電報のような短文だった。しかしまた後藤さんから連絡がきたことに、少し喜んでいる自分がいた。この短文は「ヌードのグラビア写真を撮ってみないか?」ということだった。

「やりたいです!」

私は特に詳細を聞くことなく、そう返事をした。なんか面白そう、と直感が働いたのもあるが、後藤さんと何か仕事をしてみたい気持ちが強かった。

翌日、後藤さんから再びLINEがきた。

「グラビア決まった。『週刊ポスト』。小学館!」

文面からやや興奮した様子が伝わった。『週刊ポスト』ってなんや、と思い、ネットで検索したら、コンビニなどで売っている週刊誌だった。週刊誌なら、同じ会社の社員も読む可能性がある。万に一つバレるかもしれない。でもその時は、シラを切れば良いか。どうせ証拠はないのだし。私は自分の裸体が世の中に出ることより、会社にバレるかバレないかを気にしていた。だが、このまま平凡な会社員で終わりたくない、という気持ちが勝り、後藤さんには「ありがとうございます!」と返事をした。

十二月四日、土曜日、『週刊ポスト』の編集長に会いに行くために、後藤さんと一緒に東京へ行った。発売元である小学館へ向かう道中、彼は『週刊ポスト』のグラビアについて話してくれた。

「週刊誌って普段読まんかも知らんけど、『週刊ポスト』にグラビアが載るってむっちゃすごいねん。だって小学館やで。ドラえもんの会社やで。そんな雑誌にアイドルでもアナウンサーでもない、AVも出てない無名の『藤かんな』が載る。ありえないよね。今の編集長は俺の尊敬する人なんや。すごく頭が良い、正しい人。そんな人やから、高学歴でバレリーナ、上場企業に勤めてたエリートお嬢様が脱ぐ決意をした、そのすごさが分かるねん。今日はきっとなんでグラビアするのとか聞かれると思うから、普段の通りで良いけど、熱意だけ伝えて」

小学館に着いた。入り口にはドラえもんがいた。これが実物大なのだろうか、結構デカいなと思いつつ、ドラえもんと記念写真を撮った。

応接室に通され、後から男性が二人やってきた。細身で背の高い四十代くらいの男性が編集長の澤田さん。眼鏡でふわふわパーマの三十代くらいの男性が編集者の間宮さんだった。

少し雑談をして、澤田さんが私に聞いた。

「どうしてグラビアしようと思ったんですか？」

「自分の殻を破って、大きなことを成し遂げたかったからです」

そう答えながら、これまでの人生を思い出していた。

私は四歳からバレエを続けていて、大学は関西の国立大学院を卒業した。今は上場企業の会社員として働いている。家族とは仲が良く、周囲からは、順風満帆《じゅんぷうまんぱん》の人生を過ごしている、幸せなエリートお嬢様と見られていたと思う。しかし周囲が思うような、穏やかで幸せな毎日ばかりではない。人並みに苦しいことも辛《つら》いこともあった――。

小さい頃から夢中になったバレエでは、世界で活躍するバレリーナになることを夢見ていた。しかしコンクールで結果が残せず、中学三年生の頃にはその夢を諦めてしまった。

勉強は昔から良くできた。中学生までは自分のことを、神童と思っていたくらいだった。しかし高校に入り、自分は決して神童ではなかったことを思い知った。どれだけ勉強してもテストで一番が取れなくなった。上には上がいる。それに気付いたショックは、当時の私にとって大きかった。

大学は理学部に進学し、学部四年生から修士二年生までの三年間は研究室にこもる日々だった。毎日、暗室で顕微鏡を覗《のぞ》きながら気の遠くなる細かい作業をする。時にはマイナス二十度の冷暗室で数時間、顕微鏡を覗きながら作業をした。高校の同級生たちは、バイトや合コンで華やかな日々を過ごしていたり、すでに就職して自立したり、結婚して妊娠している人もいた。そんな彼らを羨《うらや》ましく妬《ねた》んだ時もあったが、大学院に進学したのは自分の意志であり、親に支援してもらってこの生活をしているのだと、目の前のことに集中するしかなかった。

そうして大学院を卒業し、ようやく手に入れた社会人としての立場。理系学生として修士課程まで修めた結果、得られた企業の研究職だったが、会社では思うように活躍できなかった……ということは前に書いた通りだ。

私は三十歳になろうとしていた

入社四年目に部署異動になってからは、定時で帰ることだけを考えて働くようになった。残業量にかかわらず、一定額の残業手当が会社からは支給されていた。ならば必要最低限の仕事だけをして、定時に帰るのが絶対に得である。その頃、世間では働き方改革が本格的に行われ始めた。会社でも仕事の効率化や、量より質の働き方を求められるようになった。

「ついに私の時代がきたんちゃうか」

働き方改革の鑑《かがみ》のような私が、ついに評価される時代がきたのではないか、と期待した。

しかし期待は外れた。質より量を重んじてきた根強い社風は、そう簡単に変わらなかった。毎日定時でさっさと帰る私を見て、同僚は「君は評価とか全然気にしてないよね」「ほんまに会社嫌いやな」などと言った。周囲の私の印象は、向上心のない社員、働くのが嫌いな社員、だった。一所懸命に働くのが、ますます馬鹿馬鹿しくなっていった。

世間では働き方改革と同時に、女性の活躍も謳《うた》われ始めた。正直ゾッとした。女性は子育てと仕事を両立させなければならない、と見えない圧力を感じたからだ。実際に産休から復帰して働くママ社員が増えた。しかし彼女たちを見て、あんな風になりたくないと思った。周囲に気を遣い、気を遣われ、パソコンを持って時短で帰る、そんなママ社員はひどく疲弊して見えた。

産休を取るため挨拶回りをしている同僚を見て、「会社員生活を一旦休めて良いな」と思ってしまったことがあった。慌ただしく時短で帰るママ社員を見て、「早く帰れて良いよな」と思ってしまったことがあった。絶対そんなことを思ってはいけないのに、少しでもそう思った自分が、醜《みにく》く感じてならなかった。もし将来、自分が逆の立場になったら、誰かからそう思われることがあるだろう。誰だって気持ちに余裕のなくなる時はあるのだから。それを想像すると、子育てしながら働く自信は悉《ことごと》くなくなった。

いつかは結婚して子供を産みたいと思っていた。だが現実を見て希望を持てなくなった。それよりまず相手がいなかったのだが。

仕事やこれからの自分の未来に希望を持てなくなった頃、私は三十歳になろうとしていた。

私は編集長の澤田さんに言った。

「三十歳を目前にして、私はこのままで良いのかなと考えるようになりました。世界に注目される大きな舞台に立つのが夢だったのではないか、一つの研究分野で『一番』を取るのが夢だったのではないかって。結果の残る何かを成し遂げたかったのに、何も残せていないいじゃないかって思ったんです。三十歳で初めてグラビアに出ることは大きな挑戦であり、賭けでもあります。けれど私は何かを成し遂げたい。だから、グラビアをしたいと思いました」

彼は「分かりました」と静かに頷いていた。

その後、私の写真を撮ってもらった。グラビア撮影のカメラマンに、被写体の情報を共有するためだ。私は下着姿になり、間宮さんが写真を撮ってくれた。

「服を着てたら全然分からなかったけど、とても女性らしい体していますね」

おっぱいデカいって露骨な表現をしないのが小学館らしいな、と思った。

撮影が終わり、小学館を出て、後藤さんに聞いた。

「熱意、伝わりましたかね」

「ばっちり」

心のモヤが少しだけ晴れた気がした。私はやっぱりワクワクしたいから、今も彼のそばにいるのかもしれない。そう思いながら、強い北風の吹く神保町《じんぼうちょう》のビル街を、後藤さんと歩いていた。

初めてのグラビア撮影

十二月二十一日。グラビア撮影の前日。仕事を定時で切り上げて、十九時の新幹線に乗り、東京へ向かった。緊張のせいか新幹線で気分が悪くなった。明らかに乗り物酔いだ。ホテルに着いてもむかむかと気持ちが悪く、コンビニで買ったチョコレートバーを一つ食べ、シャワーを浴びてベッドに入った。ちっとも眠れなかった。

撮影当日、朝四時に起床、五時にホテルを出発。

「まだ夜やん」

ホテルの外に出て、白い息を吐きながら呟いた。グラビア撮影ってこんなに朝が早いのか。後藤さんとタクシーに乗って、撮影スタッフたちとの集合場所に向かった。道中、後藤さんはカメラマンの西田幸樹《こうき》さんについて教えてくれた。

「西田さんはグラビア界の巨匠、日本一のカメラマンと言われる人やねん。先月渋谷で『エイトウーマン写真展』というのをやったんやけど、それも西田さんに全部撮ってもらった。ほんまに綺麗に撮ってくれる。グラビアモデルとかAV女優はみんな、西田幸樹に撮ってほしいと思うねん。そんなみんなが憧れる人に藤かんなは撮ってもらって、小学館の『週刊ポスト』に載る。絶対すんごいことが起こるよね」

当時の私には、後藤さんが力を込めて言った「すんごいこと」の意味が分かっていなかった。ただ、これから自分の人生に何か新しいことが起こるのだ、と心が躍っていたのは覚えている。そして初めてのグラビア撮影を前に、違った意味でドキドキしていた。

「グラビア撮影ってどんなものなのか何も分からないんですけど。私はみんなに身を委《ゆだ》ねたら良いんでしょうか」

「そう。むしろ委ねたほうが良い。みんなプロやから。感謝の気持ちを持って」

委ねれば良いと言ってもらえると、少しドキドキが落ち着いた。

集合場所に着き、西田幸樹さんに挨拶をした。グラビア界の巨匠と言われる人だから、横柄《おうへい》で怖い人を勝手に想像していたが、全く違った。彼は「ああ、今日はどうぞよろしくお願いします」と、被っていた帽子を取って、笑顔で挨拶を返してくれた。品のあるとても優しそうなおじさんだった。その後メイク、スタイリストなど、スタッフの方々にも挨拶をした。小学館の編集者、間宮さんもいた。みんなでロケバスに乗り撮影現場に向かった。

バスの中で小さい弁当が配られた。こんな朝早くに食べられへんな、なんて思っていたのも束《つか》の間《ま》、気付けばしっかり完食していた。これから何が起きるか分からない緊張から、体が食べておくべきだと判断したのだろう。弁当を食べ終わると、「寝てて良いよ」と後藤さんに言われたので、座席を二つ使って、横になった。お腹が満たされたせいか、すんなりと眠りに落ちていった。

途中でふと目が覚めた。バスはまだ走っている。窓の外を見ると、空が夕焼けのように真っ赤だった。日の出だ。広い田園が広がる先に空が青と赤のグラデーションをつくっていた。今日は良いことがありそうやな。そう思って再び寝た。

撮影現場に到着した。茨城県の郊外、周囲を田んぼや畑に囲まれた、こぢんまりした洋館が藤かんなの初の舞台となる。みんなが荷物を降ろしている間、後藤さんとバスの中で座っていた。

「あの、何か手伝いに行かなくて良いでしょうか」

みんなが忙しく動いているのに、ただ座っていることが耐えられなくて聞いた。この時、昔バレエの先生の言葉を思い出していた。

「先輩が動いてるのに、何をぼーっとしてるの！」

教室の掃除や、舞台の準備をしている時など、何もせずにいると、よくそう言って叱られた。

「自分がするべきことは自分で見つけるものなの。それができないのはただの馬鹿なのよ！」

今振り返ると、大切なことを教えてくれていたなと思うが、当時十、十一歳くらいの私には強烈な言葉だった。気の利《き》かない人間は馬鹿なんだ、と。

「何もしなくて良い」

後藤さんはまっすぐ前を向いたまま言った。

「むしろ何もしないほうが良い。待ってたら良い。感謝の気持ちを持って」

そう言われても落ち着かなかったが、現場が整うまで、黙って座っていることにした。感謝の気持ちを持って。頭の中で何度も反芻《はんすう》すると、この場がとても神聖なところに思えてきた。

彼はのちに、この時の言葉の意図を話してくれた。

「本当に手伝いたいと思ってるなら、俺に聞く前に勝手に手伝いに行ってるはずや。だからあの時のあなたの気遣いはただの偽善。それなら黙って座ってるほうがマシ。偽善を続けると、人間が薄くなる」

バレエの先生の強烈な言葉の意味も、分かった気がした。

胸がコンプレックスだった

現場の準備が整うと、まずメイクと着替えをした。メイクは淳《じゅん》さん、スタイリストは菅原さん。二人は業界の歴が長いらしく、聞かずとも感じるベテラン感があった。西田さんの現場ではほぼいつもこの二人がメイクと衣装を担当しているらしい。

「バレエやってるんだってねえ。それに今はまだ会社員やってるんでしょ？」

淳さんが私に聞いた。なぜグラビアをしようと思ったのかを聞かれるのだろうと身構えた。やはりグラビアに出ることに、後ろめたい気持ちがあったのかもしれない。しかし彼女はなんの詮索《せんさく》もしなかった。

「確かに女優さんみたいな綺麗な顔立ちしてるもんね。女優の誰かに似てない？」

淳さんが衣装にアイロンをかけている菅原さんに聞いた。

「宮沢りえじゃない？」

「似てる。でも最近の若い女優さん……あ、橋本環奈！」

「似てる似てる！」

菅原さんも同意した。

「藤かんなの名前は橋本環奈から拝借したんです。昔から目元が似てるってよく言われてて」

「良いじゃん、千人に一人の美人じゃん。千年に一人だっけ？」

淳さんの温かい手に顔を温められながら、目を閉じた。張り詰めていた緊張が少し緩んでいく感じがした。

メイクが済み、着替えのためにバスローブを脱ぐと、菅原さんが声を上げた。

「かんなちゃん、腹筋の筋あんじゃん。良い体ね。余分な肉がないのに胸はしっかりあって、どうなってんの」

そう褒めてくれるのは嬉しかったが、この小さくならない胸は私のコンプレックスだった。

十歳くらいから胸が膨らみ始めた。薄着の季節になると、母から白いシャツの下には下着を一枚着るように言われた。胸の突起が目立つようになったからだ。暑いのになんで二枚も服着なあかんねん、と鬱陶《うっとう》しさを感じた。自分の体が身軽でいられなくなったことに戸惑い、苛立《いらだ》った。体の変化はさらに私の気持ちに影響を与えた。バレエのレッスン中、レオタードの上から乳首の突起が目立つようになった。それが嫌で恥ずかしくて、レッスン中に胸を何度もごしごし擦《こす》った。

「しっかりお稽古《けいこ》していたら、胸なんて大きくならないものよ」

ある時、バレエの先生が高校生の先輩に向かって言った。私に言ったのではなかったが、その言葉を聞いてからますます自分の胸を擦るようになった。どれだけ練習しても膨らんでいこうとする自分の胸が憎くて、自分の体に起きている変化が理解できなかった。胸が膨らみ始めたことを先生に知られるのが怖い、という気持ちもあったのだと思う。

しかし胸の成長は止まらず、体はガリガリなのに、同年代の中で一番早くブラジャーをつけることになった。母は発育がいいことは良いことだと嬉しそうだったが、みぞおちに触れるブラジャーの布地が気持ち悪くてたまらなかった。

「確かにバレエやってる人は胸がないイメージだね。でも良かったじゃん、この世界だと、その体は絶対武器になる。こっちきて正解だったよ」

淳さんが言った言葉に鼻の奥が痛くなった。

胸が大きくなり始めて、バレエをすることへの自信がなくなっていった。しかし心のどこかで自分は胸が大きいことを言い訳にして、バレエから逃げたのではないかと思っていた。その逃げ道をAVやグラビアに求めただけなのではないか。

淳さんに「こっちきて正解だった」と言われ、自分を許してもらった気がした。確かに胸を理由に逃げただけだったのかもしれない。だが「それでも良いんだよ」と言ってもらえた気がした。きっと私は自分の変な体を、誰かに肯定してほしかったのかもしれない。

白鳥たちとトウシューズ

真っ赤なワンピースを着させてもらい洋館の外に出た。天気は快晴。十二月中旬にしては暖かい日だった。

私、ついてる。

白んだ水色の空を見ながら、良いことが起きそうな予感がした。

洋館近くに小さな湖があり、まずその近くで写真を撮ることになった。西田さんは私の顔をジーっと見て、湖に向かって歩く私を色々な角度から撮った。私の周りを動き回りながら写真を撮っている西田さんを見て、昔、父がこんな風に家族の写真を撮っていたな、と思った。

湖に到着した。そこには普段見慣れない生き物がいた。白鳥だ。二十羽くらいの白鳥の群れが湖の上に浮かんでいた。実物を見たのは初めてだった。想像よりずっと大きくて少し怖かった。

白鳥なんて、どうやって準備したんだろ。なんかすごくお金かけてもらってるなと、白鳥たちに食パンをあげている西田さんを見ながら思った。今日の撮影のために、西田さん、もしくは小学館が準備してくれたのだろう。だってみんな、白鳥を見ても、ちっとも驚いていなかったから。

しかし後で聞いた話だが、この白鳥は誰かが用意してくれたものではなかった。渡り鳥である白鳥たちは、越冬のために偶然この日、この湖に来ていただけだった。そしてなんと白鳥たちがこの湖に滞在するのは、毎年二週間程度らしい。その話を聞いて震えた。白鳥のいる短い二週間のうちの一日が、私のグラビア撮影と重なった。そんな奇跡、あるのだろうか。やっぱり私は、ついていた。

白鳥との写真を撮り終わり、洋館に戻った。

「踊ってるところを撮ろうか」

西田さんが言った。私の表情がずっと硬かったらしい。なので一度踊って全身ほぐそうという提案だった。

白いレオタードと、白いチュチュを着させてもらい、自前のトウシューズ（つま先で立つためのシューズ）を履いた。普段トウシューズで踊る前には、一時間ほど準備運動をするのだが、その時間は取っても良いのだろうか。

「準備運動をしても良いですか？」

「うんうん。その様子も撮るから、ぜひやって」

西田さんは言った。本来ならトウシューズを履く前に、準備運動をするのだが、緊張していて真っ先にトウシューズを履いてしまった。そしてそのまま準備運動を始めた。もちろん体が動ける状態になる感じはしなかった。しかしトウシューズを履いた状態の写真を撮ってもらえたので、結果オーライだったのかもしれない。

しばらくすると西田さんが言った。

「バレエっぽいのできる？　一直線に跳ぶやつとか、コマみたいに回るやつとか。あ、怪我しないように、無理はしないでね」

無理はしないでと言われたが、おそらくここが一番の頑張りどころだろう。高く跳べるだろうか、二回転、三回転できるだろうか。舞台直前の舞台袖にいる時のような緊張感が走った。そして同時にかつてバレエの先生が言った言葉を思い出していた。

「たとえ舞台の前日に親が死んでも、当日熱を出してしまっても、バレリーナは笑顔で舞台に立たなければいけないのよ。だって観客には演者《えんじゃ》の事情なんて関係ないんだもの」

準備運動は十分にできなかった。高く跳べないかもしれない、上手く回れないかもしれない。だがそんなこと、このグラビアを見てくれる人には関係ないのだ。良い写真を撮ってもらうために最上のパフォーマンスをしなければならないのだ。

私はカメラの前で何度も跳び、何度も回った。案の定、体は重かったし、軸は整っていなかった。硬い床に着地して、ふくらはぎが痛くなった。回転の途中、バランスを崩して尻もちをついた。優雅に美しく踊っているようには見えなかっただろう。でも私は最高の一枚を撮ってもらうために、もがいていた。優雅に見える白鳥が、水面下で足を必死に動かしているように。

途中、撮ってもらった写真を、パソコン上で確認した。やっぱりまだまだな、と自分の技術の至らなさを反省した。しかし西田さんの撮った写真は本当に綺麗だった。アングルや光の感じがとても美しくて、全てに品があった。自分が綺麗に写っていることに驚き、嬉しかった。

そばで待機していた淳さんと菅原さんが言った。

「本物は違うね。全てが美しいね」

それを聞いてハッとした。私より上手なバレリーナは山ほどいる。それが分かっているからこそ、自分のバレエを写真に撮ってもらうのが怖かった。プロとしての実績もない私が自分のバレエを全国誌に載せて、見る人は一体何を思うだろう。

しかしこの時、私は小さな次元で物事を考えていたのだと気付かされた。バレエをする人はたくさんいるが、それ以上にバレエをしない人のほうがたくさんいる。その人たちが私のバレエを見たら、「何がすごいかは分からないけど、なんかすごい」と思ってくれるのかもしれない。それに西田さんがとても綺麗に撮ってくれているのに、バレエを撮られるのが怖いと思うのは、西田さんに対して失礼だ。自分のことしか考えていなかったことを恥ずかしく思った。

バレエを続けてきて良かったかもしれない。この日また少しバレエが好きになれた気がした。

ひとしきり踊った後、全て脱いでヌードを撮った。恥ずかしさや抵抗感は全くなく、むしろ心地《ここち》良かった。日の出が見られて、天候は良くて、奇跡の白鳥がいて、綺麗にメイクしてもらい、綺麗な服も着させてもらって、今、私一人にカメラが向けられている。この日、私は主役だった。世界中の全てから祝福されているような気がした。

今日ここへ来られて良かった。

体中に温かいものが満ちた。ありきたりな言葉しか見つからないけれど、ここに導いてくれた後藤さんを始め、この日、私を主役にしてくれたみんなに、心から感謝した。

日没とともに撮影は終了。帰り支度をしていると、小学館の間宮さんが、撮影の合間に食べる軽食の残りを片付けていた。結構な量が残っていて「かんなさん、良ければ持って帰ってください」と言ってくれた。

パンやお菓子の山をウキウキして物色していると、西田さんがやって来た。

「お疲れさま。ほら、これも持って帰りなよ」

そう言ってペットボトルのお茶に付いていた、おまけのキーホルダーをくれた。『お〜いお茶』のミニチュアキーホルダーだった。

今日の記念品、いや戦利品やな。そう思って、西田さんから受け取ったキーホルダーを、リュックに付けた。

行きと同じロケバスで東京駅まで送ってもらい、後藤さんと一緒に降りた。首が取れるほど何度もみんなにお礼を言った。最後に西田さんが「頑張って」と、ぎゅっと手を握ってくれた。

またいつかみんなに会えたら良いな。また西田さんに撮ってもらえたら良いな。そう思いながらレトロなレンガ造りの駅に向かって歩いて行った。

帰りの新幹線。現場でもらったおにぎりを食べながら、長かった一日を振り返った。私がずっとバレエを続けてきたから、西田さんが白鳥の湖をイメージした写真を撮ろうとしてくれて、そしたら現場には白鳥がいて……。やっぱり何もかも出来すぎている。今日は奇跡のグラビア撮影だったな。私、本当についてる。

その後は記憶がない。きっと首が取れそうな格好で寝ていたのだろう。新大阪駅に着いた時には左の首筋がひどく痛かった。

『週刊ポスト』が発売された

グラビア撮影以降、後藤さんから連絡はなく、そのまま年の暮れを迎えた。

十二月三十一日、実家に帰省した。両親はいつもと変わらず私の帰省を喜んだ。

「彩の好きなコーラ、いっぱい買っておいたよ」

「また痩《や》せたんちゃうの？　冷蔵庫にあるものなんでも食べや」

「今夜はお鍋やで。アイスも買ってあるよ」

実家に帰ると、母はとにかく食べさせようとする。その愛情が時に重く感じる。

「お母さんな、彩が帰ってくるからって、張り切ってお前の好きなもんばっかり買ってたで」

台所で夕飯の支度をしている母を見ながら父が言った。「お父さんも、たっぷりお菓子買ってきたで」と言って、父は私の好きなおかきやチョコレートを楽しそうに持ってきた。

楽しそうな二人を見てたまらなくなった。とてもじゃないけれど、今回の帰省は長く実家にいられない。年が明ければ私の裸が載った全国誌が発売される。そんなこととても両親には言えないし、もし彼らが知ったら何を思うだろう。想像しただけで体中の血が凍る思いがした。

「元旦の昼には帰らなあかんねん」

父の持ってきたおかきを食べながら、テレビを見つめて言った。父は隣で「ええー」と分かりやすく残念がっている。父の声を聞きつけた母がやって来る。彼女は落胆した表情をしながらもこう言った。

「もう大人やし、休みの日は好きに過ごしたいわな。でも正月くらい実家でゆっくりしたら良いのに」

弱々しく笑う母の顔を見ていられなかった。

正月が終わり一月下旬。藤かんなのX（旧ツイッター）を開設することになった。これまでSNSをほとんどやってこなかったので、エイトマンの誰かが動かしてくれないだろうかと期待した。

「Xは私が動かして良いんですか？」

あくまでも表向きの自主性をアピールしつつ、後藤さんにLINEした。

「うん、やって」

期待に反した返事がきた。残念。

二月七日。ついに私のグラビアが掲載された『週刊ポスト』が発売された。朝、出勤前にコンビニへ寄った。『週刊ポスト』は一冊もなかった。もう一軒寄った。しかしそこにもなかった。発売日、今日じゃなかったのかな、と思いながら、とりあえず会社へ行った。

昼休み、『週刊ポスト』のことが気になって、別のコンビニへ探しに行ったが、そこにもなかった。もしやこれは、私のグラビアが載っているから、売り切れまくってるんじゃないか、と自意識過剰なことを考えた。

ようやく四軒目のコンビニで見つけた。表紙の上部右側に「大阪大院卒全裸リケジョ」と大きく書かれている。その下には白いレオタード姿の私の横顔の写真。自分じゃないようだった。これなら誰も私って分からんな、と思い、雑誌を一冊レジに持っていった。意外なほどに冷静だった。コンビニを出た時には、午後は次の会議の資料作らないと、などと仕事のことを考えていた。

会社に戻る道中、後藤さんからＬＩＮＥがきた。

「『週刊ポスト』出たからＸで宣伝しといて」

丁寧に雑誌の表紙の写真も添付されていた。早速ポスト（投稿）し、雑誌の表紙を内側に抱き抱えながら会社に戻った。中身を確認したい気持ちはあったが、昼休みはあと十分しかなかったし、戻って歯を磨きたかったしと、気持ちは午後の仕事に向いていた。

そうは思いつつも、午後、やはり『週刊ポスト』のことが気になった。すでに私のグラビアを見た同僚はいるだろうか。もしかしたら同じフロアに見た人がいるかもしれない。一度考え出すと気になって仕方がない。

これはあかん、と思い、『週刊ポスト』をパソコンと大量の資料の間に挟み、カッターをポケットに入れて、トイレに行った。便座の上に座り、音を立てないように袋とじを開封した。袋とじを開けるなんて初めての経験だ。何かとても悪いことをしている気分になった。

写真を見てとても静かに感動した。そこに載っている私は綺麗だった。

「無名の藤かんなが西田幸樹に撮ってもらって、小学館の『週刊ポスト』に載る。絶対すんごいことが起こるよね」

グラビア撮影の朝に後藤さんが力を込めて言っていた「すんごいこと」の意味が少し分かった気がした。すんごいことが本当に起きそうな予感がした。

仕事帰り小さな本屋さんに寄って、『週刊ポスト』をもう一冊購入した。保存版としてだ。レジに持って行くと、レジのおじさんが雑誌と私の顔を交互に見て言った。

「ポストで間違いないです？」

「あ、はい！　友だち載ってて」

バレたのかと思い、言う必要のない嘘をついてしまった。

『週刊ポスト』にグラビアが載ったと同時に、デジタル写真集が発売された。早速、初のデジタル写真集も購入した。西田さんが撮ってくれた写真はどれも綺麗だった。綺麗という簡単な言葉で表現したくないほど、心が震えた。本当にすごいものを見た時、ぴったりな言葉が見つからなくて、もどかしくなる。

グラビアに挑戦して良かった。きっとこの出来事は死ぬ直前にも思い出すだろう。自分史に残る出来事が一つ増えたと感じた。

グラビア写真が出たことで、またAV女優になることを考え始めた。

私は自分が輝ける舞台で、大きなことを成し遂げたかった。いつも心のどこかで、自分は何かを成し遂げられる人間、ビッグになりたいという気持ちがあった。今こうして『週刊ポスト』に載ったことは、大成する確証ではないにしても、チャンスであることは間違いない。ここで終われば、親にも会社にもバレることはないだろうし、バレても誤魔化せるだろう。そしてこれまで通りの変わらない日常を過ごす。

変わらない日常。私はそれが嫌だったのではないか。このままで終わりたくないと思って、悩んで悩んで、AV事務所を回ったのではないのか。

「本気でやったら、絶対幸せになるねん！」

後藤さんはそう言った。きっとあの言葉の裏には「ビビったらあかん。信じてやりきれ」という意図があったのではないか。ああ、どうしよう。私はどうしたい。何がしたい。誰でも良いから正解を教えてくれ。

『週刊ポスト』に二度目のグラビア掲載があった頃、後藤さんからLINEがきた。

「グラビア、反響が良い！」

私は再び彼に会いに行った。本当の気持ちを伝えるために。

自分の好きなもの「セックス」

大阪、心斎橋のエイトマン事務所。五カ月前に後藤さんと初めて会った時と同じ場所に座っていた。

「グラビア、ありがとうございました。こんな経験させてもらって、今の気持ちを上手く表す言葉が見つかりません。そこで……実はまたＡＶ女優になることを悩んでるんです」

後藤さんは特に表情を変えず、黙って話を聞いていた。

自分のグラビアを生まれて初めて見た時点で、私は何がしたいのか、答えは出ていたのかもしれない。ただちゃんと自分の思いを伝えておきたかった。それを話すことで覚悟をしたかった。私は間違っていない、だから行くんだと、筋を通しておきたかった。

「学生の頃から、ＡＶとかの性産業に興味があったんです」

私はなぜＡＶ女優になろうと思ったかの理由を話し始めた。


学生時代、就職活動をしている頃、私は就活劣等生だった。色んな企業の研究職に応募したが、悉く上手くいかず、企業からお断りメールをもらい続けていた。

私は本当に企業の研究職に就《つ》きたいのだろうか。そう思い、一度自分が本当にやりたいことを見つけるため、自己分析をやり直した。自分が本当に好きなこと、得意なことを真剣に考え続けた。バレエ、読書、数学……。何度ノートに書き出しても、何かが足りない気がする。どこか自分に嘘をついている気がする。自分の奥底を見つめ、思いつくままにノートに書き続けた。そして最終的に無意識に蓋をしていた、自分の好きなものを見つけ出した。「セックス」だった。

「絶対これや」と、根拠のない自信が湧いた。それから性産業を調べ始めた。セックスは好きだったし、AVはよく見ていた。私の性に対する熱量を仕事に向けられたら、きっと上手くいく。そう思えて仕方がなかった。

しかし大手リクルートサイトに性産業の求人は載っていない。理系大学院卒の就職先としては、不相応なのかもしれない。確かに何年間も理系として勉強を頑張ってきて、それをいきなり手放してしまうのは、もったいないかもしれない。馬鹿げたことかもしれない。

結局、性産業へは進まず、化学メーカーの研究職に就いた。

「『週刊ポスト』の編集長にも言った通り、会社に入ってからはちっともダメでした。私はこの会社で一目置かれる存在になるんだと、やる気に満ち溢れていたけれど、上手くいかなくて。同期や後輩が昇格する一方、私は入社してからまだ一度も昇格できません。だんだんやる気もなくなってきて、もちろんやりがいも見つけられなくて、悪循環に陥《おちい》ってしまいました」

苦笑いする私を見ながら、後藤さんは腕組みしたまま頷いていた。そして引き続き自分の過去を後藤さんに吐き出した。

セックスに逃げた過去

入社して三年目くらいから男と遊ぶようになった。

入社三年目は精神的にも肉体的にも一番苦しい時期だった。新人扱いはされなくなり、後輩ができて責任も生じてくる。仕事量は増えるが、効率は良くない。全て一人で判断できる経験値もない。焦る気持ちと己《おのれ》の至らなさにもがいていた。

毎日が仕事で一杯一杯になり、余裕がなくなっていった。常に気が急いていて、イライラし、二年半付き合っていた彼氏とも別れてしまった。何もかもが空回りしている。上手く噛み合わない。そんな自分に苛立ち、気持ちが荒《すさ》んでいった。

私はこんなに劣等生だったっけ。

徐々に自信がなくなっていき、会社でも私生活でも、誰からも必要とされていない不安が心に巣食っていった。

そしてセックスに逃げた。誰かに必要とされたい、認められたいという欲求を男に求めた。不特定多数とセックスすることに、後ろめたさは一切なかった。まるでゲームをするような感覚だった。酒もタバコもギャンブルもしない私にとって、セックスは捌《は》け口であり、自信の持てる行為だった。

「こんな気持ちの良い体、ゴムをつけるのはもったいない」

「最初のちょっとだけで良いから生で挿れさせて。絶対外に出すから」

相手の男性からそう言われると、自分を必要とされている気がして拒めなかった。必死になって射精する姿を見ると、自分の存在意義を感じられた。

高校の頃からの親しい友人は、当時の私のことを「病的だった」と言った。「彼氏がほしい感じでもなかったし、自分をあえて粗末に扱おうとしてるみたいやったで」と。求められればセックスをしたし、どんな要望も受け入れた。断ることができなかった。断って嫌われるのが怖かった。自分は必要とされていると思って安心したかった。相手の男からは、簡単にできる女と思われていただけだろうが、お世辞でも私とのセックスは気持ちが良いと言われるのは嬉しかったし、求められることに喜びを覚えた。

しかし初対面の男とでも平気でセックスをする私を、男たちは大事に扱うわけがなかった。ゴムなし挿入、生中出しは当たり前。病気をもらうことも頻繁にあった。婦人科へはしょっちゅう通ったし、緊急避妊ピルは三回飲んだ。二週間高熱が出続けて、本当にエイズ感染を疑ったこともあった。その時ばかりは血液検査の結果を待つ間、トイレで独りしくしく泣いた。馬鹿げたことをしている自覚はあったが、それでも私は男を求め続けた。男たちは女の体にしか興味がない。そんなことは二十歳の頃から分かっていたし、別にそれで良かった。

私は二十歳で初体験をし、二人目を経験する頃には、「男の人って結局、女の体がほしいだけなんやな」と思うようになった。なぜそんな風に思うようになったかは理由がある。毎日のようにたくさんセックスをやり続けたからだ。当時付き合っていた彼氏とは、お互い二十代前半ということもあり、会えば必ずセックスをするし、一回では済まなかった。一日のうちに五回セックスをすることもあった。お互いの口が臭くなるまで、ベッドでキスをし続けていることもあった。彼氏と一緒にいる時はいつもほぼ裸だった。外に出かけた時も人前でこっそり胸やお尻を触られ続けた。映画を観に行ったはずが、映画館に向かう車の中でセックスが始まり、映画を見逃したこともあった。

彼が常にセックスしたがることに、疑問も嫌悪感も抱かなかった。こんなにセックスされるのは、私の生殖能力が高いからかもしれない。将来はウサギのように子を産むのかもしれない。そう誇らしくさえ思った。人間も動物であり、所詮《しょせん》はオスとメス。子孫を残す最終目的をまっとうするために、男は女の体を狩ろうとする生き物なのだ。男女とはそういうものだと妙に納得した。

そんな考えがあったから、社会人になって不特定多数の男とセックスをすることに、抵抗がなかったのだと思う。

プチンと心の灯りが消えた

社会人になって男と遊ぶようになった頃、会社の同僚とも何人か体の関係を持った。中には恋人のいる男もいた。新婚の男もいた。奥さんが妊娠して里帰り中の男もいた。その時ばかりは、男はこんなにも簡単に不貞を働くのか、と失望した。しかし非情なことに罪悪感はなかった。私には恋人がいなかったし、こちらから誘ったわけでもない。男が私を浮気相手・不倫相手にして、平気で中出しをするのだ。いっそ恋人や奥さんにバレて大問題になれば良いのに、と思っていた。復讐に似た気持ちもあったのかもしれない。

仕事中、自分の目の前に産休復帰後のママ社員が座っていて、彼女の旦那と私は体の関係を持っている。そんな状況が続いても、何も思わなかった。ただ、馬鹿げたことをしている虚《むな》しさだけがあった。

その虚しさは次第に怒りに変わっていった。男の不貞さに対してであり、愚かなことをし続ける自分に対してでもあった。怒りはドロドロと心の奥底で渦巻くのに、それでも男を求めてしまう自分が不気味で嫌いだった。

そんな時期が一年くらい続いた頃、二年ぶりの彼氏ができた。彼は二つ年下で、バレエの友人を通して知り合った。しかし彼との交際は短かった。別れはくだらない喧嘩だ。夜中に花火を買いに行くか行かないかで揉《も》め、彼は言った。

「彩ちゃんってなんでそんなに俺のこと分かってくれへんの。性格むっちゃ悪いよな。前から思ってたけど、ＬＩＮＥの返事もむちゃくちゃ冷たい。もっと絵文字つけるとかできひんの」

逆上する彼に呆気《あっけ》に取られ、何も言えずに聞いていた。彼は最終的に「もうしんどいわ！」と言って、去っていった。

今、振り返って冷静に考えると、彼の言い分は無茶苦茶だ。しかしその頃の私はどうかしていた。いや、男と接する時の私はいつもどうかしている。彼と仲直りがしたくて、とにかく連絡をした。ＬＩＮＥは既読にならず、電話も繋がらない。それでも彼のことを諦められなかった。

彼が去って三週間ほど経った頃、再び電話をかけてみた。すると彼は電話に出た。

「もう終わりにするつもりなん？」

私は聞いた。一方的に言われたままで終わるのが悔しくて、話し合う機会がほしかった。しかし返事はこうだった。

「うん、もう無理。今、友だちとおるから、切るわな」

電話が切れたと同時に、私の中の何かが切れた。生まれて初めて声をあげて泣いた。自分の家のキッチンの横にへたり込み、内臓を吐き出すように泣いた。

泣いている理由は、もはや彼に振られたことではなかった。仕事への絶望、結婚や出産への諦め、想い想われない虚しさ、異性への失望。そしていつまでも得られない安心感。この世には何か楽しいことがあっただろうか。頑張っても頑張っても報われない。身を削って尽くしても認められない。真面目な奴ほど馬鹿を見る。それでも腐らず生きてきた。それなのに結果はこのありさまだ。この先もずっとこのままなのか。生きるとはそんなに苦しいことなのか。もっと心ときめくことがたくさんあったはずなのに、今はもう何も思い出せない。テレビの画面を切るように、プチンと心の灯《あか》りが消えた。

AV事務所の面接を受けたのは、その二週間後だった——。

AVを頑張らせてください

「面接の時、志望動機はバレエ教室を開く資金づくりのためって言ったけど、あれは嘘です。全て嘘ではないけど、その気持ちは一割くらい。こんな生々しい半生を語るのが恥ずかしくて、本当のことが言えませんでした。すみません」

私の長い話を後藤さんは黙って聞いてくれた。そして口を開いた。彼の話は熱かった。

「俺は悩んだ時、死ぬ直前にどう思うかなって考えるねん。死ぬ前に後悔は絶対したくないから。人生ってさ、映画やねん。映画には起承転結があるやろ。それがはっきり大きくあるほうが、観てて面白いやん。いや、感じ方は人それぞれやけど。少なくとも俺はそう思う。そして今、自分の人生という映画を創ってる。きっと俺は今、むっちゃ面白い映画を創ってる。

でも、もし俺がタイムスリップできたとして、小学生の自分に『お前、将来、AV事務所の社長してるで』って言ったら、小学生の俺は絶望で大泣きするよね。もうその場で手首切るかもしれへん。だってAV事務所開くなんて夢にも思ってへんし、『なんでよりによってＡＶ事務所なんや』って思う。

でもきっとそれは何も知らんから。みんな何も知らんから、印象だけでものを言うねん。『ＡＶなんてやったら人生終わりや』とか、そんなん言う奴は放っておいたら良い。ＡＶ女優やったって、人生終われへん。人生って今世で終わりちゃうで。来世も来来世もあるねん。批判する奴は、闘う勇気のない奴やねん。『あなた、私と同じことできますか？』って聞いたったら良いわ。きっと何も言い返せない。

前にも言うたけど、みんなと同じことしても勝たれへん。誰もしてこなかったことをせなあかん。それを本気でやる。だから勝てる。エイトマンはＡＶだけで収まらへんよ。葵つかさが映画に出たのもそう、エイトウーマン写真展もそう。映画も写真展も、別にでっかい収入があるわけじゃない。なんなら赤字やで。でもそれを見た人たちが反応してくれて、次の何かに繋がるねん。実際繋がってる。

藤かんなは今、映画の第二章が始まろうとしてるね。その内容が淡々としてても、でっかく爆発しても、それはあなたの映画。内容を評価するのは、きっと死ぬ前の自分やね」

後藤さんの話を聞いていると、未来にワクワクしていたいつかの自分を思い出した。同時に、この人は私を受け入れてくれるのかもしれないと感じた。

最後に彼は「バレエ教室開くためにAVするんじゃないって、そんなん分かってたわ」と笑っていた。この人といると、私は絶対大丈夫と、思わされる。彼には人を奮い立たせる力がある。一体どれだけのことを経験してきた人なのだろう。もう人生を二、三周してるのではないだろうか。彼と一緒にいたら、想像もできなかったすごい世界が見られる気がしてならなかった。

翌日、後藤さんに「やっぱりAVを頑張らせてください」とLINEした。返事は「ありがとう」とにっこりの絵文字付きで返ってきた。

第二章

AV女優デビュー

『マドンナ』と専属契約

二〇二二年二月二十二日、十九時頃。会社から家に帰る途中、スマホが鳴った。後藤さんからの電話だ。

「おめでとう。決まったよ」

彼は開口一番そう言った。一体、何のことだ。

「AVのメーカーが決まった。マドンナで専属契約」

どうやら私は熟女ナンバーワンメーカー『マドンナ』の専属女優として、AVデビューすることが決まったらしい。それから後藤さんは、マドンナが提示した契約期間や報酬のことなどを話してくれた。そしてこの事態が、いかにすごいかを。

「専属女優になれるだけでもすごいねん。AV女優の五パーセント未満。五パーやで。面接に行った他のメーカーも、専属で来てほしいって言うところあったよ。というか面接行ったメーカー全部から、専属オファーきてたてん。でもあなたとの相性と、藤かんなが永く活躍できるメーカー、他にも色々を考えて、マドンナにしたわ」

思い返すとメーカー面接が済んだ後、後藤さんはどこのメーカーが一番印象良かったかを聞いてくれていた。そしてその理由も。色々考えてくれていたのだ。

彼は最後に「ありがとう！」と言って、電話を切った。

スマホを下ろした私の手は、少し震えていた。二月の寒空の下で三十分近く電話をしていたからだろうか。仕事終わりの空腹で血糖値が下がったのだろうか。いや、きっとどちらでもなく、これからやってくる大きな変化への、興奮と不安で体の底から震えていた。

当時はまだAV業界のことを詳しく知らなかったから、マドンナの専属女優になったことがどのくらいすごいことなのか、正直分からなかった。後藤さんは私を勇気付けるために「すごいことやで」と言ってくれたのかもしれない。でも「おめでとう！」「ありがとう！」と言ってもらえたことは、素直に嬉しかった。

頭の中には歌手マドンナの『Ｍａｔｅｒｉａｌ Ｇｉｒｌ』が流れていた。確かこの歌は「愛より金」といった内容だったはず。高校の英語のリスニング授業で、歌詞の聞き取りをやったのを思い出した。ポップなわりに、強烈な歌だなと思ったのを覚えている。けれど潔《いさぎよ》い女性の強さが感じられて好きだった。

物質的な女の子――タイトルを直訳するとそうなるだろう。愛や情などの目に見えないものより、金や物を信用する。一見非情に感じるが、とても現実的な女性の歌だ。

私もこのくらいの気の強さを持たないとな。そう考えながら家に帰った。この時は、これから会う人たちは全て敵、私は独り戦場へ行くのだ、と尖《とが》った気持ちでいた。全く異なる世界へ飛び込むのだから、無理もないだろう。「AV　どんな仕事」とネットで検索しようものなら、夜も眠れなくなることばかり書いている。恐怖と不安が自分の未来を威嚇《いかく》していた。

二月二十八日、マドンナとの正式契約をしに東京へ行った。会社はまた有休を取った。東京駅にはマネージャーの山中さんが迎えに来てくれた。

「お久しぶりです。専属契約やりましたね」

彼は会って一番にそう言った。

「グラビアもとても良かったです。現場での話を聞きましたけど、あの白鳥はたまたま撮影の時に居合わせたんでしょ？　藤さん、強運の持ち主ですね。今回の専属契約もすごいことですよ。藤さんが一旦AVすることを保留にしたことで、グラビアを撮ることになって、『週刊ポスト』に載って。結果でっかいプラスになったんです。『週刊ポスト』に載ったのも、藤さんが勉強やバレエを真剣にやってきたからであって。なんか、なるようになってるというか、全てが上手いこと繋がってるなって思いますよ。やっぱり持ってますね」

これだけ興奮して言われると、こちらまでなんだか興奮してくる。でも、ここまでの幸運を与えてくれたのは後藤さんを始め、エイトマンのおかげだ。

マドンナに着いた。面接の時のような緊張はなかった。応接室に通されて、面接時に会った安井さんが部屋に入ってきた。挨拶の後、すぐに契約の話になった。

「契約の様子を記録として撮らせてください」

安井さんはハンディカメラの録画ボタンを押して、机の上に置いた。そして二、三枚ある契約書を私の前に差し出し、契約書の内容を一項ずつ読み上げた。一項読み上げるごとに「問題ないですか？ 疑問点や不安点があれば、なんでも言ってください」と、確認を取りながら、少しずつ読み進めていった。

あまりに何度も「大丈夫ですか？」「問題ないですか？」と聞かれるので、本当は私にマドンナに来てほしくないのだろうか、と不安になってきた。彼の声もだんだん呪文のように思えてきて、内容が頭に入ってこなくなる。早くサインさせてくれないと、やっぱり契約やめますと言ってしまいそうや……。まるで誘導尋問を受けている気分だった。受けたことないけど。

契約書の読み上げが終わり、ようやくサインをし、ハンコも押した。私はマドンナの専属女優となった。最後に安井さんが言った。

「藤かんなさんの年齢なんですが、三十二歳にしようと思います」

えっ、二つ年上にするの？　驚いた私を見て、山中さんがすかさず説明をした。

「逆サバしたほうが、人気が出るケースはたくさんあるんですよ。それにマドンナは熟女ナンバーワンメーカーなので、年上にするほうが好まれる可能性があります」

そんなものかなあと思ったが、この世界を何も知らない私だ。業界のプロに全てを任せるのが良いに決まっている。大人しく「分かりました」と承諾した。

私の不安は吹き飛んだ

契約が全て済み、マドンナを出た。少し頭が痛かった。ひどく不安を煽《あお》られる時間だった。もしかしたらマドンナはエイトマンに強要されて、しぶしぶ私を専属女優にしたのだろうか。いや、私が一度AV女優になることをためらっていたのがバレていたのかもしれない。だからあんなにも「本当に契約して良いんですか？」と聞いてきたのかも……。

ますます不安が膨らみ、たまらなくなって山中さんに聞いた。

「マドンナは本当は私を専属にしたくなかったんですか？」

車を運転している山中さんは笑って言った。

「そんなこと全くないです。契約とかの大事な取り決めの時は、どのメーカーもあんな感じなんです。最近特にAV業界のルールが厳しくなっていますからね。メーカーはのちのち問題が起きないように、とても神経質になるんですよ。『私たちはAVの内容や懸念事項などについて、包み隠さずきちんとお伝えしました。そして本人の意思も何度も確認しました。ですよね？』ってね。でもあれだけ確認されると、こっちがAVやるって言ってんのに、お前らやらせたくないんかい、って思いますよね。あの契約聞いてるといっつもムカムカしてくるねんなあ。仕方ないんすけどね」

山中さんが怒るのを見て、私の不安は吹き飛んだ。「AV業界って本当にきっちりしてるんですねえ」と、後部座席で笑うことができた。

AV業界に少し関わってみて思うことがある。この業界の人はとても褒めるということだ。少なくともこれまで会った事務所のマネージャーや、メーカーのプロデューサーは、こそばゆくなるほど褒めてくれる。例えば建物の中に入る前にコートを脱ぐと、「社会人マナーがなってる。素晴らしい」と感心され、書類に何か書くと「字が美しい。ペンの持ち方まで美しい」と讃《たた》えられ、人と話す時は「敬語がとても上手。話し方に知性を感じる」

と些細《ささい》なことでも褒められる。嬉しい反面どうも調子が狂うのだ。

　なぜみんなはこんなに褒めるのだろう。その理由は、私が専属女優であることを自覚させるためではないだろうか。専属女優はＡＶヒエラルキーの上部に位置する存在。そして撮影現場では主役である。きっと堂々と大物女優らしくしているべきなのだろう。昔、私がバレエのコンクールに出る直前、楽屋で先生にこう言われたことがある。

「今日、あなたはプリマ（主役のバレリーナ）なのよ。プリマはね、誰よりも堂々としていないとダメ。そして誰よりも謙虚なの。プリマだからそうなのか、そうだからプリマなのか。きっとどっちもでしょうね」

　舞台直前の緊張している私にかける言葉として、相応《ふさわ》しいかどうかは置いておいて、『プリマ＝女優』なのだ。女優だから堂々としているのか、堂々としているから女優なのか。バレエの先生の言葉を借りれば、「きっとどっちも」なのだろう。

　私はこれから堂々としていようと決めた。そうすることで女優らしくなっていこうと。みんなからの褒め言葉も「そんなことないです」と否定せずに、「ありがとうございます」と素直に受け取っていこう。もちろん、謙虚な気持ちと感謝を忘れずに。

　東京駅に着いた。

「お疲れさまでした。次は一カ月後のデビュー作の撮影ですね。詳細はまた連絡します」

そう言う山中さんと別れ、私は新幹線に乗り真っ直ぐ大阪に帰った。

撮影まであと一週間やねん！

マドンナとの契約を済ませると、気持ちは少し落ち着き、不安で眠れなくなる夜もだいぶ減った。しかし、たまに「AV女優　日常」や「AV女優　引退後」などを検索して、自らパンドラの箱を開けてしまうことがあった。まだデビューしていないのに、AV女優で売れなくなったら、その先どうやって生活していこうと不安になり、ネットに答えを見つけようとしてしまうのだ。

ネットではこんな記事がたくさん出てきた。

〈彼女たちは意外と倹約家⁉　人気がすべてのAV女優というお仕事〉

〈あの人気AV女優のその後！　風俗、ソープ、まさかの自殺⁉〉

タイトルを見ただけでも気が滅入《めい》る。けれど怖いもの見たさでつい見てしまう。そしてやはり気が滅入って眠れなくなる。そこまで不安なら、なぜAV女優をやるのか。何度か考えたが、いつも途中で考えるのをやめた。ただ「やりたい」という衝動。論理的に理由を説明することはできないが、この衝動を無視するときっと後悔する。こうなる運命のような気もしていた。だから、なぜAV女優をやるのか、なんて考えても仕方がない。答えは「運命だから」なのだ。

人は時に、リミッターを外す瞬間、ゲージを振り切る瞬間があると思う。変化は怖いが、それでも変わりたいという気持ちが勝る瞬間だ。そして変わるためにはきっかけがいる。そのきっかけがエイトマン社長、後藤さんとの出会いだった。彼は「本気でやり続けたら、絶対幸せになる！」と言ったし、あの言葉には強い力があった。だから「私は絶対大丈夫」と思えた。しかし私はこれまで真面目に勉強して、大学行って、就職してと、安全なレールの上しか進んでこなかった。後藤さんの言葉を信じたくても、レールをはみ出した後の自分なんて想像もつかない。売れなくなったら、元AV女優という経歴は、再就職に不利になるのだろうか。引退後のために何か国家資格を取っておこうか。などと、なってもいないAV女優のその後の人生を、ぐずぐず考え続けていた。

初めてのAV撮影まであと一週間となった頃、全身に湿疹が出た。もちろん顔にもだ。これはまずい。帯状疱疹《たいじょうほうしん》かもしれない。あと一週間なのに！

会社は午前休をとって、急いで皮膚科に行った。診察室に通され、医者に症状を説明すると、彼は一瞥《いちべつ》しただけで診断を下した。

「肌荒れですね。全身しっかり保湿してください。顔は保湿のローションと、ニキビの原因になるタンパク質を抑える塗り薬を出しておくんで……」

医者はもう私の目も見ていなかった。

そんだけ⁉　いやいや嘘やろ。もっとちゃんと診《み》てや。帯状疱疹ちゃうん。脇の下とか真っ赤やん。一日で肌荒れ治る点滴とかしてや。あと一週間やねん！

こんな私の心の叫びなど、もちろん誰にも聞こえない。横にいた看護師は「こちとら忙しいねん」という素振《そぶ》りをし、私を診察室から追い出そうとした。でもこっちも必死やねん。

「あの、何が原因ですか？」

「んー、ストレスですかね」

ですかね、ちゃうわ！　とりあえずストレス言うとったら納得すると思ったらあかんぞ。体調不良は全部それやないかい！

心の中で悪態をつきながら、追い出されるように診察室を後にした。

それから、処方してもらった薬を全身に塗りたくる日々を過ごし、三月二十八日。東京へ行く日が明日に迫ってきた。初めてのＡＶ撮影は二十九日から三十一日の三日間。二十九日はパッケージ撮影、三十日は休憩、そして三十一日がAV撮影だ。この三日間は火曜から木曜までの平日ど真ん中なため、一カ月前から会社には有休を申請していた。

その日は普段通り会社員の仕事をした。定時に上がって、すぐ東京へ向かえるよう、朝から迅速に仕事をこなしていた。そして終業十分前、帰る準備は万端《ばんたん》。終業のチャイムを待った。だがこういう日に限ってアクシデントが起こる。

「彩ちゃあん、ちょっと良い？」

先輩に呼ばれた。彼女には私が会社を休む三日間、仕事を少し手伝ってもらうお願いをしている。お願いする仕事内容は、今朝すでに説明しているし、資料にまとめて、メールでも送っている。何か別の用事だろうか。

「明日から有休取るやんかあ。私が頼まれてる仕事の進捗《しんちょく》、どうなってるか教えてくれへんかなあ」

え、どういうこと。それに今から⁉

仕事をお願いする手前、先輩のことを悪くは言えないが、彼女は「残業平気民族」なのだ。この民族には終業時刻という概念がない。なので終業時刻ギリギリでも平気で呼び出す。もちろん彼女に悪気はない。大体はサラッと終わってくれるのだが、三回に一回くらいは重めの仕事を頼まれ、彼女らの民族行事である、残業に巻き込まれる。こういう時、悪気がないは罪なり、といつも思う。

先輩に改めて説明をした。

「お願いする仕事内容は今朝説明した通りで、あれから特に進捗ないです。明後日に外注でテスト依頼に出していたサンプルが戻ってくるので、それだけ受け取ってもらえればと思います。データの打ち込みとかは、私が休み明けにするので、サンプルは私の机の上においといてください。有休中も社用携帯は持っていますし、すぐに出られない可能性がありますが、何かあれば対応できます」

捲《まく》し立てるように言った。しかし帰らせてくれと訴える心の叫びは届かない。

「あ、そう。資料も丁寧にまとめてくれてたしねえ。えっと、資料資料……。あれ、どこやったかなあ……」

「先輩！　資料はもう一回印刷します。それにメールでも送っているので、そちらでも確認できます。柿山さん（上司）にも、ｃｃに入れて送っていますので」

焦っちゃだめだ、焦っちゃだめだ、焦っちゃだめだ。ここは先輩から解放される最短ルートを見つけて、全速力で駆け抜けなければならない。なんたって今日は一秒でも早く東京へ行って、明日のために早く寝たいのだから！

結局、先輩に捕まって一時間ロスしてしまった。荷物をまとめて急いで事務所を出ようとする私に彼女は言った。

「あ、もしかして急いでたあ？　ごめんねえ。明日からどっか行くの？　今日出発？　休みゆっくりしてねえ」

先輩は呑気《のんき》に手を振っている。

ゆっくりしてねえ、っじゃねえよ！

先輩に見えないようにエレベーターのボタンを連打した。これはもしかすると東京へ行かせまいとする会社の陰謀だったのかもしれない。

二十三時過ぎ、東京のホテルに着いた。明日への緊張と今日の疲労感で、新幹線で食べたものが出てきそうだった。風呂はシャワーで済ませ、すぐにベッドに入った。とにかく寝ないと。明日はパッケージ撮影なんだ……。

「AVする」日がやってきた

翌日、三月二十九日、朝六時起床。体のコンディションは悪かった。体が浮腫《むく》んでいる。

なんでだろう。そういえば昨日、東京へ向かう新幹線の中で、カツ丼弁当を食べてしまった。しかもコーラも飲んだ。「むしゃくしゃしてやった」ってやつだ。サイアク。

だが、ここでメンタルをやられてもいられない。カツ丼は験担《げんかつ》ぎや。これから色んなものに勝たないといけないから食べたんや。そう前向きに自分を奮い立たせた。

でもどう考えても体は浮腫んでるし、肌荒れは綺麗にはならなかったし、ほんまサイアク。デビュー作は一回しかないのに……。すぐに後ろ向きな気持ちが湧き上がってくる。私の中で陽と陰が忙《せわ》しくせめぎ合っていた。そんなことをぐずぐず考えていると、LINEが鳴った。

「ホテル到着しました。準備できましたら、お願いします」

山中さんからだ。もう行くっきゃない。

「おはようございます！　体調、気持ち、どうですか？」

「ばっちりです！」

嘘ばっかり。体調も気持ちもどこがばっちりやねん。でもマドンナと契約した後、私は堂々としていることで女優になると決めたのだ。ばっちりですと言うことで、とりあえず自分を高めるしかない。

「今日はパッケージ撮影だけなので、そんなに遅くまでかかりません。普段の撮影はパケ撮（パッケージ撮影）とＶ撮（ＡＶ撮影）を一日でやってしまうので、早朝から夜中までかかるんです。でも今回はかんなさんのデビュー作ですし、パケとＶを一日ずつ、余裕を持って撮ってもらいます」

山中さんが車を運転しながら説明した。私は「そうなんですね」と平静を装っていたが、内心、不安と緊張で目眩《めまい》がしていた。ＡＶの撮影現場ってどんなんだろう。荒っぽいことされたり、大声で怒鳴られたりするかな。心の準備しとかないとな。などと考えていたら頭痛までしてきた。現場に着いた時にはひどい車酔いで倒れそうだった。神様仏様、ＡＶ業界のプロの皆様。どうか藤かんなをよろしくお願いします。すがる気持ちでメイク室へ入っていった。

この日、メイクをしてくれた女性は、現場のみんなから、あやこママと呼ばれていた。呼び名の通り、溢《あふ》れんばかりの安心感がある人だった。ＡＶ現場、怖そう、と身構えていた気持ちが少しほぐれた。

他の現場のスタッフに挨拶を済ませ、まずバスローブに着替えた。「ブラとショーツも脱いでおいてね」とあやこママに言われた。バスローブに着替えるのは下着の跡が付かないようにするためらしい。

「朝起きて、シャワーして、バスローブだけ着て現場来てもらっても良いんですよ。舘《たち》ひろしさんみたいにね」

現場へ来る車の中で、山中さんが話をしていたのを思い出した。あの時は余裕がなくてちっとも笑えなかったが、着替えをしながらじわりと笑いが込み上げてきた。

バスローブに着替え、鏡の前に座り、顔にパックが貼られた。さらに顔に蒸気が当てられる。パックを外したら肌荒れが治ってたら良いのに。

「もう四月になるってのに、今日は少し寒いよね。かんなちゃんは体にアザとかタトゥーとか隠したい部分はあるのかしら。あったら教えてね」

あやこママが私の髪にコテを通しながら言った。隠したいのは顔中の肌荒れだ。

「あの、すみません。今日、肌荒れがひどいんです。皮膚科に行ったんですけど治りきらなくて。メイクやりにくいですよね。本当にすみません……」

「どおれ。大丈夫よお。その程度は余裕で隠せちゃう。任せなさい。人間なんだもの、普通に生活してたら、肌荒れくらいするわよねえ」

あやこママの「任せなさい」に、私の不安のダムは決壊し、泣き言が次々と出てきた。

「今日、体もかなり浮腫んじゃってるんです。顔も体も全然整ってなくて。初めての撮影なのに、もうどうしようってずっと心配で」

「まあねえ、初めてってそんなもんよ。でも全然浮腫んでるようには見えないし、それでも十分細いから大丈夫よお。それに整ってないほうがエロいらしいよ。腰のたるみとか良いんだって。男の人はそこにリアリティを感じて、興奮するんだって」

あやこママは笑っていた。おかげでだいぶ元気が出てきた。母（ママ）は偉大。

メイクが済み、着替えをしていると、安井さんがやって来た。メーカーのプロデューサーである彼は、パッケージの服装や下着などをチェックしに来たらしい。初対面の人ばかりの現場で見知った顔の安井さんを見ると、安心で思わず手を振ってしまった。

着せ替え人形のように下着と洋服を二着、三着と着替え、濃紺《のうこん》の下着と、ベージュのトップス、白い花柄のスカートで衣装が決まった。

「ちょっとAVしましょうね」

あやこママがブラの中にティッシュを数枚丸めて入れた。私の胸は乳首が見えてしまいそうなくらい盛り上がり、指を入れたら抜けないほどの窮屈な谷間を手に入れた。

トップスの裾《すそ》を引っ張って胸の谷間を見せることや、スカートのウエストを折り曲げて、パンツが見えそうなほど短くすることを、この業界では「AVする」と言うらしい。某AV監督が作った言葉らしく、私はこの言葉が気に入っている。

撮影場所に連れて行かれた。カメラマンは福島裕二さん。山中さん曰《いわ》く、AVパッケージを撮るカメラマンの中でトップの人、らしい。

「マドンナはかんなさんのデビュー作にしっかり力を入れてくれています。パケのカメラマンもAVの監督も、この業界でトップの人です。決して気負う必要はないですが、信頼できるプロがしっかり良いものを撮ってくれるので、安心してもらったら良いですよ」

山中さんはそう説明してくれた。力を入れてくれるのはとても光栄なことだが、やはりプレッシャーを感じてしまう。私はみんなの期待に応えられるだろうか。

福島さんは体も声も大きくて、カメラマンとしてトップの人らしい堂々としたオーラがあった。

「はーい、今日はよろしくね。僕はね、大切に、大事に、愛をもって撮っていくからね。君はバレエやってるんだって？　僕、ついこないだ、バレリーナ撮ってきたよ。ほら、これがその写真」

福島さんはパソコン内のデータを見せてくれた。某バレエ団のダンサーたちの写真だった。私もこんな風に写れたら良いなと思うくらい美しかった。

「バレリーナってさ、本当にストイックだよね。それにみんなとにかく海外のバレエ団に行きたがるじゃん。レッスンの指導して、それから自分のレッスンもして、舞台もあって、タフだなあと思うよ」

私も海外のバレエ団に行きたかったたな。そう思いながら、写真に写っているダンサーたちを羨《うらや》ましく思った。福島さんは第一印象よりポップな人だった。だからといってあまり調子に乗って接したらダメだ、と思わせる迫力はしっかり感じた。

さあ、私を撮って！

撮影が始まった。まずは服を着たままカメラの前に立った。体の線をしっかり見せるために、あやこママがトップスのニットを後ろでつまみ、たくさんのピンで止めた。横から見ればおそらく、ステゴサウルスのようになっていただろう。こうしてぼんっ、きゅっ、ぼんっは作られているようだ。

パケ撮は、西田さんに撮ってもらったグラビア撮影とは、少し様子が違った。グラビア撮影はカメラがあちこち動き回って、色々な角度から私を撮ったが、パケ撮はカメラも私もあまり動かない。基本的に顔と胸を正面に向け、顔の角度や表情を少しずつ変えていき、それを撮ってもらう。そしてポーズを変えて同じように撮っていく。グラビア撮影が「動」だったら、パケ撮は「静」だった。顔とおっぱいはなるべく正面。パッケージ写真ならではの魅せ方があるようだった。

撮影中少しレトロな音楽が流れていた。

「長く〜甘い〜口付けを交《か》わそう――」

福島さんは曲に合わせて鼻歌を歌い出した。そしてだんだん気持ちを込めて歌い始めた。彼につられて、私もサビ部分だけ口ずさむと、「かんなちゃん、この曲知ってるの。さては年上の彼氏がいるな」と福島さんは楽しそうだった。まあ歌を知ってるだけで、この曲の歌手も曲名も知らないんだけどね。

「バレリーナ、そろそろ踊りたいよね。僕もバレエを撮りたいんだ。昼休憩を挟んだら、次は踊ってるとこ撮ろうか」

壁の時計を見ると、もう十三時だった。次は踊ってるところを撮られるのかと、気鬱《きうつ》になりながらメイク室に戻った。最近バレリーナたちを撮ってきた福島さんに、私はどう映るだろう。藤かんなのバレエは大したことないな、と思われるのが怖かった。しかしもうやるしかないことも分かっている。私だってプロなんだ。バレエとAV、二刀流なんだ。そう気持ちを奮い立たせ、昼休憩に入った。

現場で準備してもらった弁当を食べていると、あやこママが私の髪を整えながら言った。

「福島さん歌ってたねえ。彼が歌い出したら大丈夫よ。撮影が上手くいってるってことだから」

そう言われると少し安心したが、もっと何かできることはないのか、と思う気持ちがあった。

「ポージングをどうして良いのか、いまいち分からないんです。何かコツがありますか？」

彼女は的確なアドバイスをくれた。

「あのね、ライトとレフ板の位置を見て、光の当たる角度を考えると良いよ。顔とか胸が綺麗に見えるような光の角度をね。あと顔や体は、コマ送りみたいにゆーっくり動かしてみて。そうしたら、カメラマンが綺麗に見える位置を探しやすいから。かんなちゃん頭良いから、きっとすぐコツ摑めるよ」

聞いてみて良かった。彼女から教えられたコツは、この日寝る前にしっかり日記に書き留めた。

「かんなさん、ご飯中すみません。こちら、エイトマンの東です」

山中さんの隣には五十代くらいの男性がいた。エイトマンでマネージャーをしている東さんだ。彼は山中さんのハキハキした雰囲気とは違い、どちらかというと穏やかな印象だった。エイトマンって何人くらい社員がいるんだろう。この時そう思ったが、今もまだ知らない。

東さんは現在、私がお世話になっているマネージャーである。AV女優になって半年ほど経った頃、マネージャーが山中さんから東さんに代わった。

彼らは頭が下がるほど丁寧な気遣いをしてくれる。女優をサポートする気遣いだけではなく、現場を上手く回すための気遣いなど、人の心が読めるのではないかと思うくらいだ。しかし決して八方美人なのではない。女優が長く仕事を続けられるために、という目的のために彼らの全神経は注がれているのだ。表向きはとても優しいが、裏では多くのことに気を回している。そんな彼らを、私は心の中で「気遣いヤクザ」と呼んでいる。二人のことは兄貴のように慕《した》っている。頼もしく安心できる存在なのだ。

昼休憩が終わり、ベージュ色のレオタードを着て、トウシューズを履《は》いた。これからカメラの前で踊るのだ。私の姿を見て福島さんが言った。

「確かにこれだけ胸があるバレリーナは見たことないね。でもさ、胸があって、バレエの美しさがあって、男性にというか、僕にとっては嬉しい限りだよね」

やはり胸の大きいバレリーナはあまりいない。私が自分のことを、バレエをしている体にしては胸が大きすぎる、と思っていたのは自意識過剰ではなかったようだ。

撮影を再開しようとした時、背後にただならぬ気配を感じた。そこには背の高い男性が立っていた。一目見て、この人はやばい人だ、と私の直感が警報を鳴らした。彼はこの世の全てに興味がなさそうな顔をして、得体の知れないオーラを放っていた。

「明後日のV撮、どうぞよろしくお願いします。こちら女優の藤かんなさんです」

山中さんが体を九十度に折り曲げて彼に言った。私もとりあえず「よろしくお願いします」と九十度のお辞儀をした。

「かんなさん、こちらはV撮の監督、豆沢豆太郎さんです」

得体の知れない男性はAV監督だった。私が、やばい人だ、と思ったことは顔に出ていなかっただろうか。

豆沢さんが現場のスタッフに話しに行っている間、山中さんは追加で説明をしてくれた。

「AV業界の売れっ子監督です。デビュー作は豆沢さんが撮ってくれたら間違いないですよ。でもぱっと見、ちょっと怖かったですよね」

やっぱり、やばい人だ、と顔に出ていたようだ。明後日のV撮に若干《じゃっかん》の不安を募らせながら、パケ撮が再開した。

福島さんは「好きに踊って良いよ」と言ったので、バレエのポーズを取ったり、ゆっくりとしたステップを踊った。その時、部屋の奥に座っていた豆沢さんが「何それ！」と大きな声をあげた。私の心臓が飛び上がったことは言うまでもない。

「なんか、むちゃくちゃ綺麗だね。その踊ってるやつ、Vのイメージ動画に入れたらむちゃくちゃオシャレじゃない？」

彼はそう言って、どこから取り出したのか、カメラを回し始めた。豆沢さん、そんなに怖い人ではないのかもしれない。そう思いながら、二つのカメラの前で一所懸命踊った。少し気持ち良かった。

バレエを撮り終えると、ヌードを撮ることになった。レオタードから青いトップスと水色のスカートに着替え、その服を徐々に脱ぐ様子を撮ってもらう。脱ぎ始めると、福島さんの声色《こわいろ》はとても柔らかくなった。

「そうそう。良いよお。ゆっくりねえ」

何もいやらしいことは言われていないのに、急に脱ぐのが恥ずかしくなった。初体験の直前のような恥じらいのあるときめきを感じた。私は一体、誰にときめいているのだろう。もしかして福島さん？　いやいや、そんなの恥ずかしすぎるやろ。カメラのレンズをまともに見れなくなった。これまでの人生、それなりに酸《す》いも甘いも経験してきたつもりだったが、ＡＶ女優としてはまだまだウブだったようだ。それにしても、こんな気分にさせてくる福島さんは、カメラマンとして、人として、恐ろしい存在だ。

着ているものを全て脱ぐと、さっきまでの恥じらいはなくなった。スイッチが切り替わる感じがした。全てから解放されて、自分が世界の中心になる感じ。これと似たような感覚を今までも何度か経験している。そうだ、バレエの舞台に立つ時だ。熱いモノが体の一点に集まって、周りがしゅーっと澄んでいく。心は興奮しているのに、頭はとても冷静になる。体中の感覚が研《と》ぎ澄まされていく。そして「さあ、私を見て」と客席に向かって強く思うのだ。この日もそう思った。

さあ、私を撮って！

横で見ていたあやこママが言った。

「バレエ踊り出した時は、ふっとオーラが変わったけど、脱ぐと目つきが変わるね」

「だよね。かんなちゃん、乳首が五百円玉で隠せちゃう人だよね」

福島さんはちょっとちょっとふざけてくる。しかし彼の目は笑っていなかった。それからも日が暮れるまで写真を撮り続けた。

「この写真むっちゃ綺麗だよ。かんなちゃん、これ遺影にしな」

あやこママが私の写真を見て言った。私、こんな顔できるんや。かっこ良いやん。その写真を見てそう思った。そしてパケ撮は終了した。

もっとポジティブな馬鹿に

今日ここへ来るまでは、現場でどんな思いをするだろうとずっと身構えていた。だがいざ始まると、拍子抜け《ひょうしぬ》けするほどみんな丁寧で優しかった。優しすぎて不安になるくらいだった。褒められてちやほやされて、つい調子に乗り気持ち良くなってしまった。しかし、ここで勘違いしてはいけないのだろう。きっと女優はみんな現場でちやほやされる。みんなが惜しみなく注いでくれる「褒め」は女優を良い気分にさせて、良い表情を作らせ、良い作品を撮るためのもの。いわば女優の能力を高めるドーピング剤だ。ならばみんなに褒められて、私が良い気分になったのは、決して悪いことではないのかもしれない。しかし私がちやほやされる理由は冷静に理解しておかなければいけない。女優は商品なのだ。

　こうやって私はいつもついネガティブに理屈っぽく考えてしまう。良いところでもあり悪いところでもあると思っている。だが、せっかく新しい世界にやってきたのだから、もっとポジティブな馬鹿になっていこうと思う。私は女優なんだ。体の全てを曝《さら》け出して、誰よりも体を張っているんだ。もっと自信を持とう。ただ「褒めドーピング」の中毒にだけはならないように。

「お疲れさまでした。初めてのパケ撮、どうでしたか」

　帰りの車の中で、山中さんにこの日感じた色んなことを話した。あやこママの安心感に救われたこと、福島さんや豆沢さんが初め少し怖かったこと、そして撮影は総じて楽しかったこと。話していると、「今日やりきったんだ」という達成感が湧いてきた。

「初めてのパケ撮で楽しかったと言えるのは、かなり好スタートですよ。かんなさん、お腹空いてないですか。お昼そんなに食べてなかったですよね」

　そう言われると急にお腹が空いてきた。緊張からの解放に体は素直だった。

「急にお腹空いてきました」

「良いですね。肉、魚、何が食べたいですか？」

「肉が良いです」

そう言って、焼肉屋に連れて行ってもらった。味の濃い揚げ物が食べたかったが、二日後の撮影のことを思い、我慢した。

パケ撮の次の日は何も予定がなかった。だからバレエに行った。バレエ教室の中には一回分のレッスン料を払えば、飛び込みでレッスンを受けさせてくれるところがある。もちろん初めて行く教室で、初めて会う人たちの中でレッスンすることになる。だが、そんなことに今さら緊張するだろうか。いや、ない。なんたって昨日、初めての環境、初めての人たちの中で、初めてのパケ撮をしたのだから。むしろバレエすることで、私の気持ちは落ち着いていった。

二時間ほどのレッスンを受け、午後は性病検査に行った。ＡＶ出演者は撮影の前に必ず性病検査を受ける。採血と口内粘膜、膣内《ちつない》の分泌物《ぶんぴつぶつ》を採取し、ＨＩＶ、淋病《りんびょう》、クラミジアなどの全九項目を検査する。そしてその検査結果は撮影の一カ月以内のもののみ有効とされている。なのでこの日の検査は来月の撮影のためだ。性病検査と聞くと、ややネガティブなイメージを持つかもしれないが、私は検査が好きだ。健康状態を毎月必ず確認するのは、自分を大切にしているようでとても気分が良い。

バレエと検査に行き、ホテルに戻る頃にはすでに日が暮れていた。コンビニで買ったサラダとおにぎりを食べ、テレビをつけた。しかし内容が頭に入ってこない。本を読んでみた。文字を追うだけになってしまう。明日のV撮の緊張のせいで何も手につかなかった。そうだもう一度、台本確認しておこう、と、穴が開くほど目を通しているVの台本を手に取った。台本には男優の名前や、大まかなプレイ内容が書かれている。私へのインタビューから始まるドキュメンタリー風の内容なので、決まったセリフはない。プレイ内容も「状況を見て、当日決めます」と書かれてある。つまり覚えていくことは何もないのだ。

台本の最後にはこう書かれていた。

「撮影中、何か問題があれば、いつでもカットをかけてください。現場で不安に感じることがあれば、担当マネージャー様・現場監督を通じて、なんでもご連絡ください。良い作品になるよう、どうぞよろしくお願いします」

何かあったら言える状況なのだろうか。歯医者でも右手を上げられたことなんてないのに。山中さんも「かんなさんの気持ちと体調がばっちりなら、あとは何もいりません」と言っていた。本当にそれだけで大丈夫なのだろうか。心配は尽きない。考えすぎて頭痛がし始めた。まずいまずい。もう今日はとっとと寝てしまおう。

ベッドに横になって目を閉じた。きっと緊張で寝られないのだろうなと思ったのも束《つか》の間《ま》、目覚ましのアラームが聞こえ、初めてのAV撮影の朝を迎えた。

初めてのAV撮影

六時半起床。七時半に山中さんがホテルに迎えに来てくれ、撮影現場へ向かった。

「おはようございます。今日の調子はどうですか。昨日はゆっくりできましたか？」

「ばっちりです。昨日はバレエに行って整えてきました」

「ええ、バレエ⁉」

山中さんは私が東京に来てまで、バレエをしに行ったことに驚いていた。この日はまあまあ本当に「ばっちりです」だった。バレエのおかげか体の浮腫《むくみ》もなかったし、パケ撮の日より緊張していなかった。初対面の男とセックスすることへの緊張？　そんなものあればAV女優にはなっていない。

現場に着いてメイク室に入りバスローブに着替えた。この日もメイク担当はあやこママだった。彼女の安心感は健在。昨日バレエに行った話や、あやこママがおすすめの美容の話などをして、私は完全にリラックスしていた。

「かんなさん、検温とネンカクお願いします」

現場スタッフがメイク室にやって来て言った。当時はコロナ禍だったので、朝と昼に体温を測るルールがあった。そしてもう一つ、「ネンカク」？

「年齢確認のことです。免許証ありますか？」

山中さんが説明してくれた。未成年が年齢を偽って現場に来ていないかを確認するのだ。スタッフから今日の日付が分かる新聞を渡され、その新聞と自分の免許証を顔の横に持ち、写真を撮った。

「免許証の写真、だいぶ雰囲気違いますね」

スタッフが言った。これは十人いたら十人から言われる。それもそうだろう。免許証写真の私は金髪なのだ。ただしこれにはわけがある。普段働いている会社で金髪にする必要があったのだ。免許証の金髪はいつもつっこまれるが、理由を説明するのが面倒なので「そうなんですぅ」と流すようにしている。早く免許の更新こないかな。

その後もあやこママや山中さんと他愛《たあい》もない話をし、これからV撮だということを半分忘れかけていた。

「そろそろ現場いけます」

撮影現場から声がかかり、体に緊張が走った。そうだ、これからAV撮るんだった。血圧が上がっていくのを感じた。

メイクを整え、現場に行った。監督は二日前のパケ撮で会った豆沢さんだ。

「かんなさん、今日はよろしくお願いします。こないだ会いましたね。今日もお綺麗です」

豆沢さんは初めて会った時と印象が違った。パケ撮で会った時は、この世の全てに興味がなさそうな、得体の知れない感じだったのに、この日は目に力があった。きっとあの目の奥で、色々なことを考えているんだろうな。そう思いながら彼の目を見つめたが、目は意外とつぶらで可愛かった。

豆沢さんはこれから撮影するVの説明を始めた。喋《しゃべ》り方は柔らかく丁寧で、初めて会った時のような怖さはなかった。

「初めてなことだらけで、緊張とか不安があると思うけれど、またそこが良いので。つくろうとせずに、かんなさんらしくいてください」

確か山中さんも同じことを言っていた。デビュー作はそういう初々《ういうい》しさが撮りたいのだと。

「絡《から》み（セックスシーンのこと）を撮る前にまず、かんなさんにインタビューするシーンを撮ります。バレエのこととか、大学のこと、あとAVの出演動機なんかを聞いて、その後にカメラの前で脱いでもらう流れにします。軽くやってみましょうか」

カメラが向けられ、軽く質問の受け答えをする。とても軽く。

「いけちゃいそうだね。よし、いっちゃいましょう」

えっ、いっちゃうの⁉　二つしか質問してないよ。焦っている私を尻目に、カメラが回り始めた。

インタビューでは、どもったり、噛んだりするのではと思っていたが、意外とするする喋ることができた。会社員として約六年間働いてきた賜物《たまもの》かもしれない。そう誇らしく思った。ただ喉《のど》に消音器でも付けたのかと思うほど、声が出にくかった。きっと音声スタッフは必死に声を拾ってくれたのだろう。私の小さくくぐもった低い声を。ただでさえ声が低いのに、デビュー作でこの声の低さは可愛げがなさすぎる。なんとか声のトーンをあげようとしたが、緊張で固まった喉の消音器は、インタビューの最後まで取れなかった。

「じゃあ、洋服を脱いでください」

インタビューの終盤、豆沢さんが言った。私はためらった。これまでカメラの前で何度も脱いできて、パケ撮の時は「さあ、私を撮って」などと思ったが、やはり静止画と動画は違う。二次元と三次元くらい違った。この時かなり奥歯を噛み締めていたので、顔が四角くなっていたのではないだろうか。

私の人生、これから大きく変わっていくのかな……。

カメラの前で大きく股を開き、レンズに写った自分をぼんやり眺めていた。

インタビューを撮り終わり、一旦休憩に入った。この休憩が終われば、ついに絡みのシーンだ。初めての共演相手はしみけんさんだった。彼はとても有名なAV男優なので、もちろん知っていたし、映像でも何度も見ていた。彼は画面で見るより小柄で、体格が良かった。精力に満ち満ちている感じ。湯気でも立ってたんじゃないかな。

「藤かんなです。どうぞよろしくお願いします」

「うん、今日はよろしくね」

しみけんさんの歯は白かった。

「かんなさん、検査表お願いします」

ハンディカメラを持ったスタッフが言った。私は自分の性病検査の結果の紙を持って、しみけんさんと向き合った。スタッフは検査表を見せ合う私としみけんさんを撮影した。

「三月二十二日、全部陰性です」

しみけんさんは検査表を私に見せながら、検査を受けた日付と検査項目全てが陰性であることを言った。

「三月六日、全部陰性です」

私も彼の真似をして言った。「はい、確認しました」としみけんさんは言い、「はい、オッケーです」とカメラを持ったスタッフが言った。性病検査が陰性であること、お互いに確認し合っていることは、こうして記録として残されるのだ。撮影現場の様子はほぼ全て、Vのカメラとは違うカメラで撮られている。悪いことや、やましいことが行われていない証拠を残すためだ。ちなみに男優や監督、スタッフが女優の連絡先を聞くこともタブーとされている。それを知った時、切なくなった。世間から偏見を持たれているからこそ、きちんとする。この健気《けなげ》さと真摯《しんし》さに胸を打たれた。

「かんなちゃん、絡みの前に、歯磨いて、シャワー浴びておいてくださいな」

検査表の見せ合いを終え、メイク室に戻ると、あやこママに言われた。絡みの前は全身を清めなければいけないようだ。バスルームへ行くと全てが用意されていた。歯磨きセット、舌ブラシ、シャンプーとトリートメント、ボディソープなど。目の洗浄液まであった。眼球まで清めるのだろうか。AV撮影では絡みの前に全身を綺麗にする。歯磨き舌磨き、体も全身洗い、そして膣内も使い捨てビデを使って洗う。私は使い捨てビデを初めて見たため、これは浣腸《かんちょう》か、と驚いた。しかしそんなはずはなく、あやこママがビデの使い方を教えてくれ、私はビデの初体験をした。ちなみに、男優ももちろん、絡み前は全身をピカピカにしてくれる。なので、男優たちはみんな、無臭、むしろ良い香りのする人が多い。プライベートより、AVのほうがよっぽど綺麗だな。そう思った。

検温に年齢確認、検査表の見せ合い、現場を撮影しているカメラ、そして絡み前の全身お清め。AV現場は私が想像していた以上に、いや、真逆なほどにきちんとしていてクリーンだった。嬉しくなった。

あかん、緊張してる

全ての段取りが終わり、いよいよ撮影。カメラを回す前に、豆沢さんが絡みの流れやポイントを説明してくれた。

「キスの時も絡んでる時も、相手の目をしっかり見てください。そしてキス多めで。しっかり舌を出して。体位の順番は、まず正常位から始めましょうか。そして――」

私はきっと張子《はりこ》の虎のように頷《うなず》いていただろう。

「――このくらい、かな。じゃ、いきましょうか」

え、説明終わり？　体位の順番、なんやっけ。まずい、何も頭に残ってない！

全身から血の気が引いていくのを感じた。カメラが回った。ガチガチに硬直しながら、しみけんさんと向き合った。あかん、緊張してる……。

彼との距離が近くなり、ひゅっと息を呑んだ。ドキドキの窮地にいた。何にドキドキしているのかも分からない。ジェットコースターが頂点に向かって登っていく、あの時のドキドキに似ていた。しみけんさんは私に触りながら何かを喋っている。

もう目合わせられへん。手もむっちゃ震えてる。今どんな表情してるんやろ。絶対気持ち悪い半笑いしてるやろな。しみけんさん何喋ってんの。私、ちゃんと返事できてる？

あかんあかん。一旦止めて。カットや、カット！

そんな心の叫びはもちろん誰にも聞こえない。手を上げたくても、そんな余裕もない。私はしみけんさんにされるがままになっていた。彼はとにかくいやらしかった。手つき、囁《ささや》き方、舐《な》め方、全てがいやらしい。これがプロなのかと、ふと冷静になってしまうほどだった。彼はセックスのプロというだけではない。AVのプロだった。女優のリードの仕方、カメラへの魅せ方、新人の初々しさを活かすための誘導の仕方。全てがさりげなくていやらしかった。きっとガチガチに緊張していた私が、いやらしいなあ、と思えたのもプロの為《な》せる業《わざ》なのだろう。

されるがままの私は、ついていくのが精一杯だった。彼は時折ひょうきんなことを言ってくれるのだが、私は曖昧《あいまい》に笑うだけで、全く気の利《き》いた返事はできなかった。しかし一度だけとても冷静になった瞬間がある。しみけんさんが私のおっぱいを舐めながら、こう言った。

「なんでも言うこと聞きそうな顔してるね」

聞き捨てならない言葉である。だが、やっぱり私ってそうやねんな、と妙に納得してしまった。なぜならば、これまで体の関係を持った男たちにも、似たことを言われていたからだ。

私は「断る」ことがなかなかできない。今までも、彼女になってほしいと言われれば付き合った。体を求められれば受け入れてきた。いつも断ることはしなかった。その理由はきっと、嫌われるのが恐いのだ。

嫌われるのが恐い――そう思うようになったのは、バレエがきっかけではないかと思っている。四歳から通っていたバレエ教室は、良くも悪くも厳しかった。先生の言うことは絶対だったし、先輩との上下関係もはっきりとしていた。

「三回以上注意されるのは馬鹿なのよ」

「トドのような体をしていて恥ずかしくないの」

先生から厳しいことを言われ、更衣室で泣いている友人を何度も見てきた。数日前まで楽しそうにレッスンに来ていた子が、ある日突然、やめてしまうこともたくさんあった。踊っている最中に突然曲を止められて「出ていきなさい」とだけ言い放たれることもあった。レッスンを一日休んだだけで、舞台の配役が変わってしまうことも多々あった。

十代の私にとって、先生は畏怖《いふ》の対象であり、神様だった。先生に嫌われることは、神様に見放されること。するとバレエが生活のほとんどを占めていた私の世界は終わる。本気でそう思っていた。

この頃から嫌われるのが恐くなった。その気持ちはバレエの先生だけでなく、バレエの先輩、友人にも抱くようになった。そしてなんでも言うことを聞くようになった。つまりは断ることができなくなった――。

人生第二幕、「開膜」

しみけんさんの舌がおっぱいから、へそ、股のほうに降りていった。私はベッドに寝かされ、彼の頭が股間にグッと押しつけられる。徐々に私の額《ひたい》に血管が浮いてくるのが分かった。

このままだと、まずい。

彼の頭を押しのけようとするが、がんとして動かない。

まさか、舌でイってしまうのか。

イキそうになる瞬間はいつも、それ以上やめてほしいと思う。恐怖心に似た、逃げ出したい気持ちになる。女がよくセックス中に「いや、やめて」などと言うが、あれはあながち嘘ではない気がしている。私だけかもしれないが。

ああ、これが本当にイクってことなのか。だめだ、サヨナラ……。

私はしみけんさんの舌でイった。意識は遠のき、彼の舌との押し問答の末、降参してイった。ジェットコースターが急降下する時の快感があった。

しみけんさんの攻めは容赦なく続く。ヒクヒクしている股に今度は手が添えられた。指が一本だろうか、二本だろうか入ってくる。ゆっくり抜き差しして、下腹の裏部分で上下に動き始めた。頭に再び血が上り、股の端にぎゅーっと熱いものが集まっていく感じがした。その熱いものは、股の真ん中から突き抜け出て行った。彼の手マンで潮を吹いたのだ。

潮吹きはプライベートでも何度か経験があった。これはかなりリラックスしていないとできないものだと思っていた。しかし潮吹きに精神状態など関係なかった。ガチガチに緊張している初めてのV撮で、さすがに潮なんて吹かないだろうと思っていたのに、このザマだ。しみけんさん、参りました。

だいぶ体をほぐしてもらった後は、私の番である。彼のパンツを脱がせた。大きくて、太いものがブルンと出てきた。こんな大きいもの、私の中に入るだろうか……。

しみけんさんは言葉で誘導してくれた。

「普段はどうするの？　いつもみたいに舐めてみて。へえ、そこから舐めるんだ」

「僕の目を見てフェラしてみてよ」

「指でL（エル）の字を作って、それでおっぱい支えて、ちんぽ挟んで」

横から豆沢さんの指示も聞こえてきた。

「かんなさん、フェラはもっと長いことやってください。尺が長いほうが映《は》えるので」

「喘《あえ》ぎ声を出しながらフェラしてみてください。鼻息荒めに」

これが魅せるフェラなのか、と余裕がないながらも、必死に頑張った。

そして、いよいよ挿入の時がやってきた。挿入の前に感動したことがある。しみけんさんがゴムをつける早技だ。豆沢さんが「そろそろ挿入いこうか」と言うと、ゴムとローションを持ったスタッフが、素早くしみけんさんに近寄り、カメラが私の顔に寄っている間に、しみけんさんはスタッフからゴムを受け取り、素早く装着。そして同時にゴムの上からローションをつけ、私の淫部《いんぶ》にも塗った。この一連の動作に五秒とかかっていなかったと思う。

すごいっ。思わず感嘆の声をあげてしまいそうだった。とても連携の取れた美しい動きだった。そんな早技に感動していたのも束の間。しみけんさんが私の中に入ってきた。入る瞬間、一瞬だけ冷静になった。

「人生第二幕、『開膜』やな」

AV女優としての人生の新しい幕開けと、藤かんなとして初めて男を受け入れる膜開け。もう舞台に立ってしまえば後戻りはできない。悔いのないように精一杯やり切るのみだ。

しみけんさんとのセックスは戦いだった。気を抜いたら命を取られる。そう思うほど私にとっては激しくて、とにかく必死だった。彼にされるがまま、畳まれたり、開かれたり。こちらも応戦しなければと頑張って動くが、ザコの体当たり程度の攻撃力しかなかっただろう。彼はどれだけ激しい動きをしていても、常にカメラを意識していた。私の顔がちゃんと映るように、胸や体のラインが綺麗に見えるように。そうやって意識を散らしても、萎《な》えることなくセックスできるなんて、感動というか尊敬というか、もう「感謝」でしかなかった。

絡みの終盤、眉間《みけん》あたりからしゅーっと何かが出ていく感じがした。頭に血が上りすぎたのか、脳の機能が一部停止したのか、この時の感覚は上手く説明はできない。しかし新しい感覚、自分の中の知らない領域を見つけたような、不思議な気分になった。

「これどうしたの」

しみけんさんがそう言いながら、私の目元を拭《ぬぐ》った。私は涙を流していたのだ。彼に言われて初めて涙を流していることに気付いた。驚いた。なんの涙か全く分からなかった。こんな意識のない涙は初めてだった。

しみけんさんは射精を迎えた。私の腹の中がどくどくと不規則に脈打っていた。

「カット！　エロい！　天才！」

豆沢さんの大きな声が聞こえ、カメラが止まった。私は天井を見ていた。

お、終わったんや……。

まだ命があることに安堵《あんど》した。

「かんなさん、呼吸大丈夫ですか。すごく良かったです。すごくエロかった」

「お疲れさまでした。どうもありがとう。かんなさんも僕に反応して動いてくれたので、すごく良かったよ」

豆沢さんとしみけんさんが、褒めてくれている。

「ありがとうございました」

私は体を起こそうとした……が、起き上がれない。体に全く力が入らないのだ。手先も少しピリピリ痺《しび》れている。

「そのままで良いですよ。少し休憩してください」

豆沢さんが言い、みんなが部屋から出て行った。

部屋に一人になり、ベッドに仰向《あおむ》けのまま天井をぼんやり見つめていた。これまで私がしていたセックスはなんだったんだろう。そう思うほど、プロのセックスは桁違《けたちが》いだった。

それにしても最後に出た涙はなんだったのかな。この子本当はＡＶ後悔してるんや、とか思われなかったかな……。ああ、それにしても、一瞬死ぬかと思ったなあ。

大きく息を吐き、少しの哀愁と心地良い疲労感に浸《ひた》っていた。

「お疲れえ！　大丈夫？　立てる？　シャワー浴びて、お昼ご飯にしましょう」

あやこママが迎えに来てくれた。そうだ、これで終わりじゃなかった。まだ始まったばかりだった。お昼ご飯と聞いて、さっきまでの哀愁と疲労感はどこへやら、体に力が入ってきた。むくっとベッドから起き上がり、バスルームへ向かった。下半身は驚くほどにガクガクしていたが、歩くことはできた。人間の体は結構タフだ。

なんか、いけそうな気がする。いや、いかんといかんのよ。シャワーを浴びながら、残りの撮影に向け自分に活を入れた。

「ベロベロ魔人」とのセックス

シャワーを終え、メイク室に戻った。この日の撮影では三人の男優との絡みがある。あと二人のプロ男優と桁違いのセックスをするのだ。あと二回も大丈夫かなあ。残りの撮影に一抹《いちまつ》の不安を感じながらも、現場で用意された弁当を黙々と食べた。

弁当を食べ終え、歯を磨き、メイク直しをしてもらっている間、山中さんが次の男優の吉村卓《たく》さんについて教えてくれた。

「吉村卓さんは見た目はザ・おじさんです。でもピッカピカのおじさんです。きっと今日は卓さんにむちゃくちゃ舐められると思います。でも、ピッカピカな舌で、ピッカピカな唾液《だえき》なので、ちょっと楽しみにしてほしいくらいです」

「ピッカピカなおじさん」と聞いて、私は勝手に笑福亭鶴瓶《しょうふくていつるべ》師匠を想像した。確かにそれは楽しそうかも。

「かんなさん、検査表お願いします」

現場から声がかかった。鶴瓶師匠、いや、吉村卓さんとの初対面だ。

卓さんは鶴瓶師匠より若かった。五十代手前といったところだろうか。ピッカピカのおじさんらしいが、髪の毛はフッサフサで、立派な舌が出てきそうな大きな口をしていた。

検査表の見せ合いを終えると、豆沢さんが絡みの内容を説明した。

「今回はとにかくびちょびちょになってください。顔、体、全部。舐められて嫌なところはないですか？　止めたくなったらいつでも言ってくださいね」

舐められると聞いて少し複雑な気分になった。私は実は顔や体を舐められるのが、あまり好きではない。でも今回の絡みのテーマは舐められることだから、覚悟しなければならないのだろう。

「あと、かんなさん、むちゃくちゃ体柔らかいよね。それも撮りましょう。軟体は絶対かんなさんでしか撮れないから。開脚とかアイ字バランスかなあ。あとどんな画があるかな……」

「あの、両足を頭の後ろにかけられるんですが……」

豆沢さんをはじめ、現場みんなの頭の上に「?」マークが浮かんでいた。きっと言葉ではイメージがつかなかったのだろう。「ちょっとやってみて」と豆沢さんに言われ、私は仰向けになり両足首を頭の上で交差させた。もしイメージがつかなければ、私のデビュー作を見てほしい。

現場がどよめいた。

「……それ、すごいね。僕初めて見たよ、そんな状態の人間。かんなさん、それいこう。でも大丈夫?　しんどくないの?」

「あまり長時間はできないですが、大丈夫です」

隣で見ていた卓さんにも「痛くないので、思い切ってやってください」と伝えた。

「本当にしんどかったり痛くなったら、すぐに言ってください。止めるので」

豆沢さんは決して無理をさせようとしない。でもだからこそ、頑張ってしまうのだ。もしやこれが豆沢さんの作戦なのかな。

カメラが回る前、男優と私の周りには結構な人がいることに気付いた。一回目の絡みでは気付かなかったが、少し余裕が出てきたのだろう。メインカメラを持っている豆沢さん、スチールカメラの人、照明の人、音声の人、ローションやゴムを渡してくれる人、眺めている人（きっと現場セッティングの人）。こんなに人がいるのに、よく普通にセックスできるな、と他人事《ひとごと》のように感心した。しかしそう感じても、周りに人がいる中でセックスすることに、恥ずかしさは湧いてこなかった。むしろ、一回目の絡みより、どっしり構えることができた。ＡＶの現場は監督もスタッフも男優もみんな真剣なのだ。みんながど真剣、ど真面目に最高のエロを作ろうとしている。だから私も、人前でセックスするなんて恥ずかしい、などと少しも思わない。真剣な人たちと一緒に働けることを気持ち良く感じていた。

「では、いっちゃいましょうか」と豆沢さんがカメラを回した。卓さんは私に近づき言った。

「こんにちは。すっごく綺麗なお方だ」

彼は私の手を取り、目の前まで持ち上げ、ベロっと舐めた。鳥肌が立った。いきなり舐められて鳥肌が立ったのもあるが、卓さんの舐め方に身震いしたのだ。プロは舐めるのもプロである。遠慮など一ミリもない。舌全体を使って指を包むように、ぬめーっと舐めてくる。私の顔は引き攣《つ》っていたのではないだろうか。心の中では、ひえええ、と絶叫していた。彼は私の指を一本ずつ丁寧に舐めて言った。

「いきなり指なんて舐めさせるんですね」

いやいや、ちゃうやん！　あなたがいきなり指を舐めてきたんやん。心の中で激しくつっこんだ。私の目を見ながら、指を一本一本口の中に含んでいく卓さんは、まるで妖怪だった。名付けるならば「ベロベロ魔人」である。

「どんな気分ですか？」

卓さんが聞く。

「不思議な気分です」

なんとも曖昧な答えである。でもそうとしか答えられなかった。指全てが口の奥まで入っていく感覚、びちょびちょになっていく私の指たち。これまで経験したことがないほど執拗《しつよう》に舐められる状況に、笑い出してしまいそうだった。人は未経験、想定外の状況に置かれると、恐怖や緊張を超え、笑ってしまうのかもしれない。

卓さんの顔が私の前にやって来た。このベロベロ魔人に今度はキスをされるのか、と身構えた。

「どんなキスが好きですか？」

彼が聞いてきた。私は一瞬考える。

「ねとっとしたの」

「いやらしいですねぇ」

違うやん！　そう言うしかなかったやん！

その後のベロベロ魔人のキスはすごかった。キスの概念を超えていた。人ってこんなに唾液が出るんだと感心してしまうほど、顔中がびちょびちょになった。

カメラの真正面に立たされ、卓さんが横から体を擦《す》り寄せてくる。私の下半身に彼の硬くなったものが当たる。少し手で触れてみた。

「あぉんっ！」

吠《ほ》えられた。しかも結構な音量で。私はついに笑ってしまった。もう気持ちが限界を越えたのか、なんでも来やがれ、という気分になった。卓さんの発する言葉は、さらに私に追い討ちをかける。

「すぅごい綺麗ですねぇ」

「なんて、いやらしい体なんだ」

「すぅごぉっ（ベロベロベロベロ）」

「いくらでも舐めますょぉ（ベロベロベロベロベロ）」

紳士的な物言いでベロベロ舐め回されている。そのチグハグ感がおかしくてたまらなかった。さらに卓さんは首を高速で左右に振り、淫部をベロベロと舐めてきた。その攻撃に、私は腹を抱えて笑ってしまいそうだった。ちなみに高速首振りベロベロ攻撃は彼の専売特許だという噂も、あったりなかったり。

ベロベロ攻撃をたっぷり受けた後、私の目の前にはボコりと隆起《りゅうき》した彼のパンツがあった。今度は私が舐める番。きっと卓さんの千分の一も唾液は出ないわ。そう思いながら、パンツを下ろした。ぼろりと熱気を帯びた大きなものが飛び出した。そして口の中の唾液をかき集め、それを舐めた。彼の勢いに負けないよう、精一杯舐めた。彼は舐められている途中「あんっ!」や「おんっ!　そう!」「もぉ、ちんぽ離さないじゃない!」などと吠えた。それがおかしくておかしくて、彼のものを噛みちぎってしまいそうだった。

卓さんとの絡みはさらに盛り上がっていく。彼は私の左足をソファーにかけさせ、股の間に右手を入れた。卓さんに丹念にぴちょぴちょにされていたから、手はするっと入った。卓さんの手が私の腹の中で動く。もう笑ってはいられなかった。私は再び潮を吹いた。また潮吹いてる⁉　と驚くと同時に感動した。やはりこれがプロの技なのだろう。ベロベロ魔人様様や。そう思いながら、心の中で卓さんに合掌した。

そんなことを思っていたのも束の間、卓さんが私の中に入ってきた。立ったままの開脚挿入、ソファーを使った側位、座位、そしてベッドに四つん這《ば》いになってのバック。卓さんとのセックスに夢中になった。すでに私は何度か額の血管が切れそうになっている。このままバックで突かれすぎると、どうなってしまうだろう。少し不安に思うくらいだった。

彼のバックには参った。腕で上半身を支えていたのだが、その踏ん張りが効かなくなり、最後には胸をベッドに押しつけ、お尻だけを突き出す状態でヘロヘロになった。私があまりにも絶叫しているので、豆沢さんが途中で「かんなさん、大丈夫ですか？」とカメラを止めたほどである。卓さんにはベロベロされ、ヘロヘロされた。ベロベロ魔人でなく、ベロベロ魔神だ。

その後は体を折り畳まれたり、広げられたり、アクロバティックな絡みが繰り広げられた。アクロバティックなプレイで興奮する人はいるのだろうか。過去に「アイ字バランスしたままセックスしたい」と言ってきた彼氏がいた。もちろん私はそれに応えた。しかし実際やってみると、彼ははじめこそ「すげえ」と感動していたが、想像以上に腰を振りにくかったのだろう。もしかすると目の前の軟体が不気味に思えてきたのかもしれない。彼は三擦《みこす》りほどで萎えてしまった。そして「やっぱりちゃんと顔見てエッチしたい」と耳元で囁いてきた。私をベッドに座らせ「舐めて」と言ってくる彼の顔を、呆《あき》れた気持ちで見上げたのを覚えている。

しかしプロは違う。私の軟体を上手く操り、萎えることもなかった。そして何より容赦がない。圧倒される反面、思い切り扱ってくれることが嬉しかった。

「やらしい格好してちょうだい」

卓さんはそう言って、仰向けのままの私の両足を後頭部の下で交差させた。カメラが回る前に打ち合わせしておいた超軟体体位である。

便器に顔を突っ込んだみたいな画になってないかな、と少し冷静になったのも束の間、そのまま指を入れられ、挿入され、激しく突かれた。最後に彼は精子を私の顔にぶちまけた。

「カット！　最っ高だね。体が美しくてエロい」

豆沢さんの声が聞こえた。「ありがとうございました」と起き上がろうとするが、顔の上に精子が乗っていて起き上がれない。スタッフが乾いたティッシュとウェットティッシュを持ってきてくれた。卓さんやスタッフ、たくさんの人が顔の上の精子は拭《ふ》いてくれた。

「お疲れえ。シャワー行ってきてちょうだい」とあやこママがやって来て、髪をまとめてくれ、バスルームに行った。腰回りはガクガクしていたが、ちゃんと自分の足で立って歩くことができた。やはり人間はタフである。

きっとさっきの絡みで体についた唾液量は、過去最多だっただろうな。卓さんは一体どれだけのファンデーションを食べただろう。

彼との絡みを経験し、舐められることへの苦手意識がなくなった。苦手の限界値を越えるほど舐められたのだろう。卓さんの唾液がとても綺麗だったおかげもある。粘性が低く、サラサラでピッカピカな唾液だった。もう一回、あのベロベロ、されてみたいな。そう思ってしまうくらいだった。

ちなみにこのデビュー作を撮った二年後、卓さんと再会した。そこで、どうやったらあんなにサラサラの唾液が大量に出るのかを聞いた。すると彼は秘訣を教えてくれた。

「特別気をつけてることはないんだけど、酒は飲まないね。あと、水をたくさん飲むようにしてるよ。内側からたくさん水が出るようにね」

そう言って大きな口で笑う彼はかっこ良かった。これがプロなのだ。

初めてのハメ撮りセックス

シャワーを済ませ、メイク室に戻った。二回の絡みを終え、だいぶ体はヘロヘロになっていた。だがまだあと一絡み残っている。踏ん張りどころだ。

「かんなちゃん、お腹空いてない？　あっちにお菓子とかジュースがあるよ。何か見に行こうか」

あやこママは心の中が読めるのだろうか。お腹は空いていないが、何か甘いものがほしかった。メイク直しを中断し、お菓子やジュースを見に行った。現場の撮影の合間につまみとして用意されている食べ物や飲み物のことを「繋ぎ」というらしい。お菓子やパン、おにぎりなどたくさんの繋ぎがあった。飲み物もお茶、コーヒー、ジュース、エナジードリンクなど、まるでコンビニだ。

「冷蔵庫に冷えてるのあるよ」

現場には冷蔵庫まであった。撮影のセットとして使うことがあるらしい。冷蔵庫の中にはコーラがあった。それも六本も。

「コーラや！」

心の体力が一気に回復する感じがした。私はコーラが大好きだ。そういえば、マドンナの面接時に冨野さんから「好きな食べものはなんですか。これがあると頑張れると思えるものを教えてください」と聞かれていた。あの質問は好みの繋ぎを用意してくれるためだったのだ。シャインマスカットです、とか言っておけば良かったかな。そんな欲張ったことを考えながら、コーラにストローをさした。クッキーとチョコレートをバスローブのポケットに入れ、足取り軽くメイク室へ戻った。

三絡み目の男優は貞松《さだまつ》大輔さん。挨拶をして検査表の見せ合いをした。

「藤かんなです。どうぞよろしくお願いします」

「よろしくお願いします。かんなさんはバレエしてるの？　良いね。バレエしてる人ってなんか綺麗だもんね」

貞松さんはマイケル・ジャクソン顔負けのターンをして、片足を後ろに引き、お辞儀をした。

「おお、もしかしてバレエされてましたか？」

「してないよ！」

なんだか楽しそうな人だった。

三絡み目はハメ撮りである。男優がカメラを持ち、撮影しながらセックスをする。豆沢さんからの説明はほぼなかった。

「僕もスタッフみんなも部屋から退出します。でもすぐ近くにいるので、何かあればすぐに呼んでください」

二人きりってことか。妙に緊張を感じた。大勢の人がいる中でセックスするほうが緊張しないなんて、おかしなものである。

貞松さんとのハメ撮りセックスが始まった。部屋が暗くなった。カメラのレンズの周りに丸型蛍光灯がついている。これで女優の顔を明るく撮るのか。

彼とのハメ撮りセックスは愉《たの》しかった。とても気分を上げてくれる人で、「さあ、僕の胸に飛び込んでおいで」と言いはしないが、そんな包み込まれる雰囲気があった。おかげで、私はこの人のことが好きなのかも、と気持ちを高めることができた。彼はきっと人たらしなのだろう。プライベートがどうか知らないが、少なくともAV男優・貞松大輔は、女優をその気にさせるのが上手な人たらしだった。

ハメ撮りというのは男優がみんなできるわけではないらしい。綺麗に撮影しながら、本気のセックスをするなんて、簡単でないのは想像に難くない。激しい本気のセックスをしながら、カメラの画角や女優の魅せ方に気を配る。新人女優の場合、全面的にリードまでしなければいけない。まさに神業だ。こんな神業を万人《ばんにん》が真似できようか。いや、できない。

三回目の絡みでも、私はまた潮を吹いた。ベッドで仰向けになりながら、股のほうでビシャビシャと音がするのが聞こえた。一体、私の体はどうしてしまったのだろう。三回の絡み中、三回全て潮を吹いた。女の潮吹きは男の腕次第ということを見せつけられた気がした。

「ほら、見てみて」

彼がベッドについた染《し》みを指さして言った。

「これ、私の!?」

まさか自分の潮吹きの跡が、こんなにデカい水溜《みずたま》りを作ろうとは。信じられなくて素《す》で驚いてしまった。プロは恐るべし。

貞松さんは私をベッドから立たせ、背後から挿《い》れてきた。白状しよう、私はバックが一番感じる。彼とのバックは大変だった。脳天から何かが突き出るんじゃないかと思うくらい、体中に電撃が走った。子宮から脳天まで、ぽっかりと筒状にくり抜かれてしまった気がした。何度もイキ、脱力し、腰が砕けた。立っていられなくなることは初めてで、これが本当のイクなんだな、と痛感した。貞松さん、よく分かったから、これ以上突き上げるのは勘弁してくれ。この時の私はとてもうるさかったと思う。自分でも驚くほど絶叫していた。

猫が交尾の時に、奇声を発する気持ちが分かるわ。猫の交尾は痛いんだっけ。必死な時ほど違うことを考えてしまうのは、私だけだろうか。

正常位になり、カメラレンズにはめられた蛍光灯を見つめた。ぼたぼたと水が降ってくる。貞松さんの汗だ。私の顔は汗か唾液か体液か、色んな液体でびちょびちょになっていた。

貞松さんが右手でカメラを持ちながら、激しく腰を振り高まっていく。「イクよ」と言ったと同時に立ち上がり、彼の先端を私の口に近づけた。そして口の中に射精をした。精子は見事に口の中に入った。ハメ撮りができて、射精もできて、精子のコントロールまできるんだ。もはや職人やな。胸で息をしながらそう思った。

絡みが終わり、豆沢さんがカメラを構えながら部屋の中に入ってきた。

「どうでしたか」

急に自分が裸でいることが恥ずかしくなった。さっきまでセックスに没頭していたのに、急に現実に引き戻された気がした。

「なんか……すごかったです」

もう少し気の利いたこと言えんのかい、とつっこみたいコメントだが、何も言葉が浮かんでこなかった。頭が上手く回っていないまま、カメラに手を振り、撮影は終わった。

長い長い一日が終わった

シャワーを浴び、メイク室に戻った。さすがに股関節がぎくしゃくし、喉は少しかれていた。半ば放心状態でメイク直しをしてもらっていると、山中さんが聞いてきた。

「かんなさん、コンタクトですか」

「はい、コンタクトです」

「コンタクトの替えって持ってきてますか？　それか眼鏡」

何のことだ。

「次、フェラからの顔射なんですけどね。精子が目に入ったら、コンタクトがダメになるそうなんです。洗っても取れないらしくて……。しまったな。伝え忘れてた」

バスルームに目の洗浄液があったのは、このためだったのか。コンタクトがダメになったら裸眼で帰ろう。次が最後の撮影なのだから。

最後は絡みではなく、フェラをして顔面に射精されるエロシーンの撮影だった。相手の男優はナイアガラさんといった。彼は高校の頃の友人にとても似ていて、初対面だが親近感が持てた。

「かんなさん、最後です。舐めて舐めて、舐めまくりましょう！」

カメラが回った。ナイアガラさんの胸、首、乳首、口、耳……。どう舐めて良いか分からないなりに、一所懸命に舐めた。彼のパンツを脱がせた。やはり大きかった。男優はみんな見事に大きい。フェラ、パイズリ、フェラ、フェラと続け、「そろそろ発射しようか」と指示が出た。彼はフェラでイケるだろうか。そもそも咥《くわ》えているものが大きすぎて、上手くフェラができない。とてもイカせられそうになかったので、先端を口に咥えたまま、手でしごいた。強さはどのくらいが良いのだろう。速さは。どうやったら彼はイケるのだろうか。

私のテンパる気持ちが伝わってしまったのか、彼もなかなか射精ができず、一旦ストップがかかった。申し訳ない気持ちでいっぱいだった。みんな、女優は悪くないよ、という空気を出してくれるが不甲斐《ふがい》ない。ナイアガラさんが自分で高めるのを、彼の前で正座しながら見守った。見られると気が散るかな。でもどこ見て良いか分からないしな。オロオロしながらも、どんな状況でも射精できる男優は本当にすごいな、と彼の股間を見つめ続けた。

撮影が再開。相変わらずどうすれば射精しやすいのか分からないまま、手や口を必死に動かした。ナイアガラさんは眉間に皺《しわ》を寄せ、私をじっと見つめながら、「イクっ」と見事に射精をした。濃くて白い大量の液体が、顔面にぶちまけられた。

何も見えなくなった。目も鼻も口も精子で塞《ふさ》がれ、息もしづらい。カットの声はかからない。どどど、どうしたら良いの？　この精子、拭って良いの？

「かんなさん、匂いとかします？」

豆沢さんの声が聞こえた。

「そんなにしないです」

口に精子が張り付いたまま答えた。そうは言ったが、正しくは鼻が塞がれていて、匂いなど嗅《か》げなかったのだ。

「カット！　良いねー。むちゃくちゃ綺麗。早く掃除してあげて」

勢いの良い声が聞こえ、誰かが私の目と鼻を拭いてくれた。大きく息を吸うと、濃厚な精子特有のアルギニン臭が、ぶわっと鼻の中に入ってきた。

デビュー作の撮影は全て終了した。シャワールームでメイクを落として顔を洗った。視界が白く濁っている。山中さんが言った通り、精子でコンタクトがダメになったようだ。コンタクトを外して、もう一度顔を洗い、目の中もシャワーで洗った。目の中に精子が入っていると思うと、少し気持ち悪かった。

メイク室に戻ると、山中さんとあやこママが「お疲れさまでした！」と迎えてくれた。あやこママが背中をポンと叩きながら「よく頑張ったね」と言った。この言葉は今でもとても記憶に残っている。彼女は今日一日のことを「よく頑張ったね」と言ってくれたのだろう。しかしこの時、今日ここに来るまでのことも労《ねぎら》ってもらった気がした。AV女優になるまでたくさん悩んだこと、いっぱい不安になったこと、さらにはこれまでやってきたバレエや勉強、仕事のこと。それら全てを「よく頑張ったね」と言ってもらえた気がして、目頭《めがしら》が熱くなった。私は頑張ったんだ。

着替えを済ませ、山中さんと一緒に、豆沢さんやスタッフのみんなにお礼と挨拶をしに行った。

「お疲れさまでした。あざとさがなくて、すごく良かったよ。天使、いや、天女のようだった！」

豆沢さんは言った。デビュー作としては上出来と思って良いのかな。

車に乗り込み、山中さんにホテルまで送ってもらう間、決壊したダムのように、さっきまでの撮影のことを話した。しみけんさんには命取られるかと思ったこと、卓さんにはベロベロされすぎて笑いそうだったこと、貞松さんは人たらしだということ。体は疲れていたけれど、興奮は一向に冷めなかった。しかしホテルに着いてベッドに入ると、記憶は途絶えた。長い長い一日が終わった。

AV女優になるって、出家だな

目が覚めた。見えているのはホテルの天井だった。

「そうか、昨日、撮影だったんだ」

起き上がろうとしたが、体に力が上手く入らなかった。内転筋が突っ張って痛い。

「そうだ、昨日、三回も本気のセックスしたんだ」

のそのそとベッドから起き上がり、帰る支度《したく》を始めた。

人間の体はタフである。あれだけぐちゃぐちゃにされても、こうして普通に歩くことができる。そして時間の流れはとても素っ気ない。ものすごく濃厚な一日があっても、次の日は何もなかったかのようにやってくる。

ホテルのチェックアウトを済ませ、キャリーケースを引いて東京駅に向かった。昨日のことは夢だったのかと思うほど、世界は私に全く興味を示していなかった。

新幹線に乗り、窓の外をぼんやり眺めていた。不思議なくらい清々《すがすが》しい気分だった。撮影前までの重苦しい不安や恐怖は消えていた。それもそうだろう。もう後戻りはできないのだ。後戻りする必要も感じていなかった。これからの私がすることは、ただ前を向いて進み続けるだけ。窓の外はとても良い天気で、そのことの幸せを感じるくらい、私の気持ちは凪《な》いでいた。そんな自分を前より愛《いと》おしく感じた。

ＡＶの撮影現場は、正直もっと劣悪な環境を想像していた。嫌なことや痛いことをされても我慢しなければいけないと、雑に扱われることも覚悟していた。とにかく怖かった。

だが実際は想像と真逆なことばかりだった。呆気《あっけ》に取られるほど、現場のルールはきちんとしていて、女優は尊重された。監督やスタッフ、男優はみんな真剣で、本気になってAVを創っていた。その熱量に心震わされたし、気持ちの良い現場で働けて愉しかった。これまで私はAV業界に偏見を持っていた。そのことを土下座して謝らなければいけない。この世界を知れて良かった。そう思うくらい、イメージとはかけ離れた世界だった。

昨日、撮影終わり、帰りの車の中で山中さんに、「現場であまりにも丁寧に扱われるから、戸惑ってしまう」と話した。すると彼は言った。

「スタッフの替えはきいても、女優の替えはきかないんです。だから丁寧に扱われて良いんですよ」

藤かんなになって、私は私だけのものではなくなったのだ、と自覚した。もっと自分を大事にしなければならない。きっとこの先、無防備に男と遊ぶことはないだろう。

AV女優になるって、ある意味、出家だな。

我ながら上手い表現を見つけたと思い、窓の外を見ながら少し笑った。そしてそのまま心地《ここち》良い眠りの中に引きずり込まれていった。

初めてのAV撮影が終わって、日常に戻った。会社に出勤して仕事して、家に帰って寝る。普段通りの日々を一週間ほど過ごした頃、職場から帰っている途中、後藤さんから電話があった。

「どうやった？　初めての撮影」

私は撮影現場を思い出しながら、思いつくままに話した。

プロのセックスは桁違いだったこと。これまで感じたことがなかったようなイク感覚。三絡み全て潮吹きしたこと。男優の見事なリードやどんな状況でも射精できる精神力（卓さんのベロベロがおかしかったことは言わなかった）。そして現場は想像と違ってとてもクリーンだったこと。みんなものすごく真剣にAVを創っていて、その熱意に胸を打たれたこと。そしてその人たちと一緒に働けて愉しかったこと。

初めての撮影は本当に素のセックスに近かったように思う。台詞《せりふ》や設定は一切ない。魅せるセックスのコツなども分かっていない。ただ一所懸命に男優に向き合い、セックスに向き合っていた。気を抜いたら命取られると思うくらいだったから、プライベートのセックスよりずっと真剣だったかもしれない、などなど。

後藤さんが電話先で頷いているのが分かった。一通り話し終えると、彼は言った。

「プロの男優とのセックス知ったら、もうそこら辺の人とはできないよね。『可愛い女の子とセックスしたいから、ＡＶ男優なろうかな』なんて言ってる奴に、お前みたいな男が男優なれるかって言ってやりたいよね。藤かんなはこれからもっと良くなるし、どんどん綺麗になっていく。それは絶対。でもその代わりに色んなことが起きてくると思う。会社にもいずれはバレるよ。一〇〇パーセントバレるとは言い切られへんけど、九九パーセントの確率でバレる。でもあなたは会社という枠に収まって満足できる人間じゃなかったんやから、その時は自分に自信を持ったら良い。

あなたがＡＶ女優やと知って去っていく人も出てくる。縁の切れる友達もいると思う。でもそんな奴らはその程度の関係やってん。こっちから、縁切ってくれてありがとうって言ってやったら良い。ただその時は苦しいと思うよ。でもな、人生は浮き沈みが絶対にあるねん。失うものがあれば得るものもある。だってあなたは、そこら辺の人がなかなかできないこととして、闘おうとしてるんやから。もう闘い続けなあかんねん」

彼と話をすると、この人が言うなら大丈夫、といつも思わされる。根拠のない自信が湧いてくるのだ。

「ありがとう」

そう言って後藤さんは電話を切った。

会社にバレる。友人にバレる。その時、私はどうなるだろう。何を思うだろう。ＡＶ女優になったことを後悔したりするのだろうか。

「闘い続けなあかんねん」——そうだ。もうデビュー作を撮ってしまったんだ。撮影翌日の帰りの新幹線で、後悔なんて感じなかったじゃないか。今、無駄に不安になったって仕方がない。だって数週間後には二度目の撮影がやってくるのだから。

「なんとかなるわ」

そう呟《つぶや》き家に帰った。

それからは日常が淡々と過ぎていった。もちろんＡＶ撮影をしたことが、周囲にバレることはなかった。忙しい毎日を過ごしているうちに、自分でも撮影をした日のことは夢だったのではないかなと思えてきた。そして撮影が大変だったことも忘れ、早く次の撮影こないかな、と思うようにすらなっていた。「最近なんか調子良さそうやな。彼氏できた？」などと、会社の同僚から言われることが何度かあった。デビュー作の撮影を終え、何かが変わっていく予感がした。これからの未来に、少しワクワクし始めていた。ＡＶのことがバレる心配以上に、根拠なく湧き上がってくる自信が大きかった。

「ごっくん」の解禁時期

デビュー作の撮影から約一カ月後の、四月二十四日。待ちに待った二回目のAV撮影がやってきた。パッケージのカメラマンはデビュー作と同じ福島さん。Vの監督も前回同様、豆沢さんだった。そしてメイクはあやこママ。デビュー作と全く同じメンバーであることが嬉しく、またみんなに会えたことが嬉しかった。

この日も絡みは全部で三回。一回目の絡みの男優は小田切ジュンさんだった。あやこママ曰く「爽やか雰囲気イケメン」である。褒めているのかどうかは微妙なところだ。

カメラが回る前に豆沢さんが絡みの説明をした。

「今回のテーマはキスと汗です。お互いベロベロキスしちゃってください。あと途中、霧吹きで汗を足していくので、ちょっと冷たいかもしれないけどごめんね。止めたくなったらいつでも声かけてください」

汗って霧吹きで作るんだ。

小田切さんとの絡みは順調に進んだ。二回目の撮影だからか、前回よりリラックスできている感じがした。しかし順調と思う時にこそ、ハプニングは起こるものである。

絡みの最後、小田切さんは私の口の中に射精した。そして私はそのまま口を閉じ、飲んだ。豆沢さんに「舌出して」と言われて舌を出したが、そこには映像に写したかっただろうものは何もない。カメラが止まり、豆沢さんが聞いた。

「かんなさん、まさか飲んでないよね」

「あ、飲みました」

みんなの動きが一瞬止まった。

「大変だ！　うがい！　うがい持ってきて！」

豆沢さんが大きな声を出し、周囲が慌て出した。

なんだなんだ。何が起きたんだ⁉

何度もうがいをさせられるし、豆沢さんは山中さんと緊迫した様子で何かを話している。私の下《もと》へはあやこママがやってきて「とりあえずシャワー行こうか」と、状況の分からないままバスルームへ連れて行かれた。

シャワー後、メイク室に戻ると、山中さんが何が起きたのかを説明してくれた。

「射精された精子を飲み込むのは、解禁時期があるんです。かんなさんはデビューしたてなので、もちろん解禁されてません。それに飲み込むのをＮＧにする女優もいますからね。

豆沢さんは解禁してない女優に、精子を飲ませてしまったと思って焦ったんですよ。監督もちゃんと説明していなかったことを謝っていました。基本的に精子は飲まなくて良いですからね」

なんて優しい世界なんだ。

みんなを動揺させてしまい申し訳なく思った一方で、女優に精子すら飲ませない過保護さに感動した。私はこれまで、口に出された精子は飲むのが当たり前だと思っていた。なので飲むことに全く抵抗はなかった。ただプライベートのセックスで精子を飲み込み、扁《へん》桃腺《とうせん》が腫《は》れて熱が出ることはたまにあった。AVはプライベートのセックスよりも、ずっとずっとずっとクリーンだなあ。心の中で合掌した。

二絡み目。男優は黒田悠斗《ゆうと》さん。山中さんから「カブトムシみたいな人です」と聞いていた。彼は筋肉質の引き締まった体をしていて、肌が褐色《かっしょく》に輝いていた。顔は少し強面《こわもて》。なるほど。強そうなカブトムシだ。

黒田さんとの絡みでもハプニングは起こる。彼は絡みが始まる前に私に言った。

「すみません。今日、前歯がないんです。痛みはないんだけど、こんな面白い顔になっちゃって。びっくりさせたら悪いなと思って」

そう言って彼はにっこり笑った。真っ白で綺麗な歯たちのうち、正面の二本がいなくなっていた。面白い顔というよりも、明らかに痛そうだ。でもじっくり見ると、やはり前歯のない大人は滑稽《こっけい》だった。なんで前歯がなくなったのかと聞くと、昨日酔って転んで、折ったらしい。プロの男優は撮影前日も余裕だな。

「かんなさん、今回の絡みはカメラから目を離さないでください。Vを見るユーザーが、まるでかんなさんとセックスしているかのように思わせるためです」

豆沢さんが絡みの説明をした。AVには様々な撮り方があるようだ。絡みの内容よりも、誰も黒田さんの前歯については触れないことが気になった。

カメラが回った。カメラを見続けるくらい簡単だ、と気楽な気持ちで挑んだが、男優にこねくり回されながらも、ずっとカメラを見続けるのはなかなか難しかった。

しかし誰よりも大変だったのは黒田さんである。絡みの終盤、「そろそろ射精いこう」と声がかかってから、なかなか射精できなかった。女優と目が合わないから高まりづらいと言っていたが、それ以上に歯が疼《うず》くのだろう。股間のものは大きくそそり立っているにもかかわらず、射精に辿り着かない。私はただ見守るしかなかった。

だがプロはやはり、前歯がなくてもプロである。数分間精神統一した後、「いきます」と言い、絡みは再開。彼は見事に私の口の中に射精した。そして私はもちろん飲み込むことなく、カメラにしっかり舌の上の精子を見せつけた。

初めての3Pとエロ階段

三絡み目は初めての3Pだった。プライベートでも3Pはやったことがない。怖いか怖くないかでいうと、もちろん怖い。私はメイク室で散々「3Pってどんな感じですか」「私は男優さんに任せてたら良いんですよね」と山中さんとあやこママに聞いた。

「ジェットコースターみたいだったって、ある女優さんが言ってましたね」

「そうそう。メリーゴーラウンドみたいに回されたって言ってた女の子もいたよ」

とんでもねぇじゃないか……。

聞けば聞くほど不安は増す一方だった。

男優はデビュー作でも共演した貞松大輔さんと、元消防士だという初対面の澤野ヒロムさんだった。カメラが回る前、貞松さんが私に言った。

「澤野さん来たら『レスキュー』って言ってみて」

理由を聞く間もなく、澤野さんがやって来て、私は言われた通りに「レスキュー」と言った。すると澤野さんは、なんで知ってんねん、という顔をして「押忍《おす》っ！」と返してくれた。

「さすがかんなさん、できるね。もう大物オーラも出てきてるよね」

それを見ていた豆沢さんは楽しそうだった。このやりとりは元消防士である澤野さんのお決まりのネタらしい。ネタの詳細が知りたかったが、それを聞く心の余裕はなかった。

ついに3Pが始まった。

「ちんこ舐めたらキスして、キスしたらちんこ舐めての移動を素早くやってみてください。男優のちんこと口が二つずつありますから、あっちいったり、こっちいったり。まあ大丈夫、彼らが上手くやってくれますよ」

おおお、押忍！

絡みは本当にジェットコースターであり、メリーゴーラウンドだった。二人の股の間を行ったり来たりしているうちは、まだ笑顔を見せる余裕があった。3Pという珍妙な状態を楽しんでいる自分がいた。しかし挿入が始まると、そんな余裕なんて皆無。ジェットコースターは頂点を超えて、グルグルと回り始めた。手も足も全開にされ、口も股も塞がれるなんてことが、今までにあっただろうか。いや、ない。

澤野さんが射精をした。息つく間もなく貞松さんが入ってくる。額の血管は一、二本切れたのではないだろうか。貞松さんが射精するまで、私は絶叫していた。

「カット！」

豆沢さんの声を聞きながら、ベッドに大の字になって放心していた。汗か精子か体液か、頭の先から足の先までびしょびしょである。ディズニーランドの急流下りアトラクションに乗った後のようだ。

「お疲れさま！」

男優の二人が私の胸元の精子を拭いてくれ、起き上がらせてくれた。現場スタッフにローブをかけられ、「シャワーどうぞ」とバスルームに促《うなが》される。初めての3Pを終えた興奮のせいか、手足が震えていた。そして「ありがとうございました」と、やけに大きな声で挨拶をし、興奮したままバスルームへ歩いて行った。二人の男に体をこねくり回されて、むちゃくちゃにされても、手足はしっかり付いていて、きちんと動かすことができた。やっぱり人間はタフだ。撮影前まで3Pに恐れ慄《おのの》いていた自分を、少しおかしく思った。

シャワーを終え、メイクを直し、特に休憩することもなく、この日、最後の撮影へ向かった。複数の男優を手コキやフェラで射精させていくという、エロシーンの撮影だった。

「かんなさん、後ろにある階段に名前があるんですよ。なんだか知ってますか？」

知るはずもない。

「エロ階段っていうんです。かんなさんが登っていくと、発情しまくった男優たちが出てきます。なのでそいつらをフェラや手コキでやっつけてください」

豆沢さんはVの内容を説明した。なんかドラクエみたいやな。

カメラが回り、ドラクエの音楽を頭の中で流しながら、階段を登り始めた。踊り場まで登ったところで、一人目の男優が現れた。二十代後半くらいの細身の男優である。彼はキスと手コキで難なくやっつけた。

再び階段を登り、二階に登りきったところで二人目の男優が現れた。五十代くらいの気の弱そうな男優だ。彼にはパイズリで立ち向かう。だが男優の大きなものを包み込むには、私のおっぱいでは、面積が足りなかった。包みきれない部分は手でカバーして、胸を必死に上下に動かした。足腰も使って体全体でパイズリした。だが、男優は発射できなかった。無念。

一度、男優に極限まで高めてもらい、パイズリ再開。男優さん、あなたの妄想力にかかっています、と祈るように胸を挟んだ両手を必死に動かした。そして数秒後、胸の間からピュッと白い液体が飛び出た。ナイス射精ですね。ありがとうございました。

階段を登り切ると、右側に長く暗い廊下が続いていた。

「かんなさん。ここの廊下はエロ廊下っていうんです。略して『エ廊下』。さあ、進んでください」

豆沢さんに言われるままエ廊下を進み、突き当たりまで来ると三人目の男優が現れた。三十代、身長百八十センチはありそうな大きい男優だった。ラスボスやな、と思いながら彼の顔を見た。見覚えのある顔だった。

あばれる君やん。

彼はお笑い芸人のあばれる君に似ていた。もちろん本人ではなかったが、なんだかおかしかった。彼には手コキとフェラを交互に何度もおみまいした。なんで男優のものはこんなにもデカいんやろう。顎《あご》が外れそうなほどの肉棒を咥え、頭を前後に動かしながら、心で悲鳴をあげた。

あばれる君は大量の精子を私の顔にぶちまけた。ここで人生初めての体験をする。鼻にかかった精子を拭おうとすると、精子がチーズのように鼻先からびよんと伸びたのだ。豆沢さんも、その後ろに控えていたスタッフも「おおっ」という顔をしていた。私は垂れ落ちてくる精子に頬を引き攣らせながらも、カメラを見て笑った。奇跡のショットが撮れたのではないだろうか。是非観てほしい。

撮影が全て終了した。

「かんなさん、天職だね」

帰り際、豆沢さんはそう言ってくれた。真面目な言い方だった。

天職かもな……。山中さんの運転する車の中で、さっき言われた言葉を反芻《はんすう》した。

大学生の頃すでに、自分には性産業が向いているのではないかと感じていた。しかし理系の大学院卒で、これまでの全てを擲《なげう》って、性産業に飛び込む勇気はなかった。だが今こうしてAV女優になっている。三十歳になってからのデビュー。きっと遅すぎるデビューだ。もし大学生のあの時、性産業に就《つ》いていたらどうなっていたかな、などと考えてみたくもなるが、そんな「もし」は起こり得なかったように思う。

三十歳でAVデビュー。そうなる運命だった気がしている。きっとこれまでの道のりも必要不可欠だったのだろう。この世界に飛び込むまで気を失いそうなほど悩んだし、今もまだ不安はある。だが前よりも自分のことを好きになり始めているのは確かだ。気の迷いなんかではない。必然的に今ここにいるのだ。そんな気がした。

初めての「ドラマもの」

二回目の撮影から三週間後には、三回目の撮影がやってきた。これまでと違う、初めての「ドラマもの」だった。ドラマものというのは、映画のようにストーリーのあるVだ。つまりセックスだけでなく、芝居をする必要がある。芝居なんて中学の文化祭で、ボロボロに壊されたオモチャの役をやったのが最後だ。自信なんて全くない。「バレエをする人は、演技力があるから大丈夫です」と山中さんは言っていたが、大丈夫ではない。だってバレエはセリフがないのだから。

Vの台本が届いたのは撮影の前日だった。

「撮影は台本が頭に入っていなくても大丈夫です。セリフを一言ずつカットしながら撮ったりするので。でもセリフが頭に入っているほうが、役に入り込みやすいとは思います。ドラマの撮影ってストーリーの順番通りに撮っていかないんですよ。いきなりラストのシーンから撮ったりもするんです」

そんなん絶対セリフ覚えていかなあかんやん。

台本をプリントアウトし、東京へ行く新幹線の中で何度も読んだ。長文を覚えるのなんて、大学入試の二次試験以来だ。台本の内容は、義母である私が義理の息子と体の関係を持ってしまうというものだった。義理の息子と仲良くなりたくて、あれこれ世話を焼いているうちに事に至ってしまう……。

本当にこういうこと起こっても、おかしくないよなあ、と、台本を読みながらワクワクした。二十代の頃から、当時付き合っていた彼氏の影響でAVをよく観ていた。街でナンパされた女性が、ホテルに連れて行かれてセックスをするというVを観て、街を歩いてたらAV撮影に遭遇するかもしれないんだ、とドキドキした覚えがある。AVはノンフィクションだと思っていたのだ。そんなことを思い出しながら、新幹線の座席で台本を暗唱していると、股間が少し熱くなった。

撮影当日、朝七時。山中さんがホテルに迎えに来てくれ、新宿の現場へ向かった。この日の監督はきとるね川口さん。四十歳くらいのやや強面な男性だった。監督も現場スタッフもみんな初対面ばかりで、挨拶をしながら体が強張《こわば》るのを感じた。メイクをしてくれるのは阿久津さん。四十歳くらいの仕事のできそうな、小柄な女性だった。彼女とももちろん初対面だ。

メイク中、阿久津さんに「かんなちゃんは他にも仕事してるの?」と聞かれた。すると後ろから山中さんが「かんなさんのすごい話、聞いてください」と話し始めた。私の緊張を察して会話に入ってきてくれたのかもしれない。

「かんなさんは普段、会社員やってるんですけどね、この前、平日の昼間に僕とリモートで打ち合わせをしたんです。『今日お休みやったんですか』って聞いたら、『いや、今、会社にいます』って。会社の会議室からAVの打ち合わせしてたんですよ。僕はそれ聞いて、おったまげました」

山中さんはさらに「高学歴で、上場企業に勤めてて、その上、AV女優やってるんです」と私の経歴を自慢げに話してくれた。

「なんだか肝座《きも》りすぎだね。頭のネジがぶっ飛んでるというか、かんなちゃんの場合は、逆に多すぎる、というか、締まりすぎてる感じよね」

二人の話を聞きながら、私は「副業禁止の会社なんで、バレるとまずいんですけどね」と曖昧に笑った。

「かんなちゃんなら、もし会社にバレても『私じゃないです』ってシラ切れるんじゃない？」

阿久津さんはそうエールをくれた。

「そうですよね。私が藤かんなだって証拠ないですもんね」などと笑っていたが、この会話はもしかしたら、これから起こることの予兆だったのかもしれない。

撮影が始まった。共演する男優は結城結弦《ゆうきゆづる》さん。年齢不詳の童顔ベテラン男優である。初めに撮ったシーンは、私が洗濯物を干し、帰ってきた結弦くんに向かって「お帰りなさい、元気だった?」と聞くシーンだ。川口さんから軽く説明を受け、早速撮影開始。中学生以来の芝居に手も足も震えていた。一回目は私の芝居がぎこちなさすぎて撮り直し、二回目は干そうとしている洗濯物を落としてしまった。そして三回目、決して上手にできたとはいえないが、OKをもらった。私が初ドラマということなので、川口さんは大目に見てくれたのだろう。

何シーンか撮り終わると、川口さんが歌い出した。「かんな〜、かんな〜」と、何の替え歌かも分からない歌を。でも気分は良さそうだった。撮影中に歌い出す人を、以前もどこかで見たような気がする。AV現場の人は撮影が上手くいくと歌い出す傾向にあるのかもしれない。少しホッとした。

撮影で大変だったのは、なんといっても絡みのシーンだ。ドラマものには絡み中にもセリフがある。さらには体位の順番も決まっている。好き勝手にセックスしているわけではなかったのだ。そんなに全て覚えられるだろうか……と絶望的な気持ちになった。しかしカメラが回ると、必死ながらに愉しかった。義理の息子と一線越えた義母役の私。「ごめんね、私が間違っているのよね」と言いながら手コキをしたり、「あなたの本当のお母さんになりたいの」と言いながらおっぱいを擦り付けて一緒にシャワーを浴びる。とんでもなく勘違いがすぎるお義母さんだな、と思いつつ、そんな勘違いお義母さんを愉しんで演じていた。

替えチン男優と赤玉

この日、新しいことを二つ知る。一つ目は替えチン男優の存在だ。結弦くんとの絡みの途中、彼が射精する直前に、カメラが止まり、違う男優と入れ替わった。これが替えチン男優だ。主演男優の精子を温存するために、代わりの男優が射精をするのだ。野球でいう代打みたいなものだろうか。

そして二つ目は衝撃的なものだった。替えチン男優が私の胸に射精をした。私は、義理の息子と一線越えてしまったわ、という顔をしながら、カットの声がかかるのを待つ。しかしなかなかカットはかからず、周囲がざわめき出した。

「とりあえず止めよう」

川口さんの声が聞こえた。一体何が起きたのだろうと、自分の胸元を覗《のぞ》く。

はっと息を呑んだ。胸にかかった精液が赤かったのだ。

「赤玉出たの、初めて見たわ……」

部屋の隅のほうでそう呟くスタッフの声が聞こえた。

赤玉？　なんやそれ。

その場にいた誰もが動揺している空気の中、射精シーンを結弦くんの射精で撮り直し、絡みの撮影は終えた。

シャワーを浴び、メイク室にもどり早速「赤玉ってなんですか」と山中さんに聞いた。

彼は「赤玉……!?」と、顔を引き攣らせていた。

「射精をしすぎて、精子が出なくなった時、最後に赤いものが出ると聞きます。それを赤玉と言うと。そしてそれが出たら、男はもう不能になると……。都市伝説だと思っていました」

私の顔も引き攣った。ではあの替えチン男優は、男優生命を絶たれた、いや、男としての機能を失ってしまったのではないか。この日以降、現場で彼の姿を見たことはない……。

撮影が全て終わり、「よく頑張ったな！　良かったよ」と川口さんが言ってくれた。決して芝居が上手くできたとは思えなかった。だが、初めてのドラマものを経験して「またお芝居したい」と思った。自分ではない誰かになることが楽しくて、もっと上手く演技できそうな、伸び代《しろ》を感じていた。

撮影の翌日、マドンナで取材インタビューを受けた。デビュー作が発売される時に、新人女優の宣伝として公開するインタビューらしい。

「セクシー女優として目指すところはありますか？」

インタビュアーに聞かれた。この質問は少し考えた。AV女優を始めたきっかけは何度か聞かれてきたけれど、目指すところは聞かれたことがなかった。

「一番になりたいです」

そう答えた。私は高校、大学、社会人において「そつなくなんでもできるけど、器用貧乏だね」「頑張るわりには結果が出ないね」と言われてきた。そんな自分が本当に嫌だった。でも結果一番を取れていないのは明らかで、言い返すこともできず、悔しい思いをし続けてきた。なので、結果を残したい、一番になりたい、という気持ちがいつも根底にあった。

インタビューでは「一番になりたい」と言ったが、明日花《あすか》キララさんや、三上悠亜《みかみゆあ》さんのように「AV界で一番になりたい」という意味ではなかったように思う。なれればもちろんすごいことだが、私は彼女たちのようにはなれないし、そうなるのが自分の求める「一番」ではない気がした。かといって、何の一番になりたいのかは、明確に分かっていなかった。ただ口に出すことが大切な気がしていたのだ。

インタビューが終わって、同席していたあやこママが言った。

「かんなちゃんが『一番になりたい』って言った時、この子はなれるんじゃないかなと思ったよ。他にもそう言う子はいるけど、かんなちゃんからは説得力というか、迫力があったね」

こうして可能性を感じてくれる人がいる。私も自分の可能性を信じてここにやって来た。

「一番になりたい」――この気持ちは持ち続けようと思う。

第三章

ＡＶが会社にバレる

「藤かんなさんって知ってますか」

六月になり、デビュー作の発売まであと一カ月となった。専属メーカーのマドンナがXで「大型新人女優がついにデビュー」と毎日、前宣伝をしてくれていた。私はそのポストを会社の昼休みにリポストする、そんな日々を過ごしていた。

二〇二一年十二月にグラビア撮影をして、それから約六カ月間、藤かんなと普通の会社員との二重生活を送ってきた。二月には『週刊ポスト』でグラビアが掲載され、AV撮影はすでに三回行った。Xなどのネット上には、AV女優としての私の顔写真が着々と増えていっている。しかし周囲には一向にバレる様子はなかった。このままずっとバレずに済むんちゃうかな。そう思いながら、就業中でも堂々と藤かんなのXを見ていたりした。

六月二十九日、デビュー作が世に出るまで、あと約一週間という頃。私はいつも通り会社に出勤していた。始業のチャイムが鳴り、十五分間の掃除の時間が始まった。掃除場所へ行こうとした時、部署の長である金本さんが突然話しかけてきた。

「高木さん、今日どこかで時間ありますか。三十分くらいで良いんだけど」

ドクンと、心臓が大きく鳴った。

　金本さんとは普段ほぼ話さない。仕事の話でも一対一で話すことはほとんどなかった。そんな彼がいきなり話しかけてきた。これは間違いなく、アレであろう。AVのことがバレたのだ。

「十時、空いています」

「分かった。じゃあ、場所は後でメールしておきます」

　……絶対バレたな。

　直感がそう知らせた。とりあえず掃除場所へ行き、机の上などを拭《ふ》き始めた。

　バレたよな。どうしよう。どうしよう。どうしようちゃうわ。シラ切り通すねん。でも実際そんなことできるかな。いやいや、本名ちゃうし。藤かんなやって証拠もないし。

　頭の中はパニックである。どうやって金本さんとの話を切り抜けるかを考えながら、ずっと同じ机の上を拭いていた。

　掃除時間が終わり、席に着いてパソコンを開いた。ぼんやりと画面を眺める。いや、でも、AVの話じゃないかも知らんしな。もしかしたら私、昇格するんかも知らん。そう思いながらメールチェックをすると、早速、金本さんからメールがきていた。

「十時に会議室Wでお願いします」

会議室Wは普段使われることのない、奥まった場所にある部屋だ。周囲に聞かれたくない重要な会議をする時などに、その部屋が使われる。もうAVの話で確定やん。いやいや待てよ。超個人的な話かも。告白とか。でも確か金本さん妻子持ちやんな……。

恐怖と絶望、そして少しAV的な展開。頭はさらにパニックを起こしていた。気持ちを切り替えて、仕事に取り掛かろうとしたが、手に付くはずもない。きっと金本さんは、AVのことをストレートには聞いてこないだろう。セクハラだと訴えられるのを懸念するだろうから。ならば聞かれるのはきっと、副業をしているかどうか、だ。私はパソコンで自社の就業規則を調べ始めた。

私が勤める会社では副業禁止が暗黙のルールとなっている。しかし就業規則に明記されているかどうかは確認したことはなかった。社内用ホームページに掲載されている業務規定の項目を読むと、「従業員の健康を害することがないよう、労働時間は△△時間を超えないこと……」などと、曖昧《あいまい》な表現でしか書かれておらず、副業が禁止かどうかの明確な記述は見つけられなかった。ただ、副業をすると労働時間に定められた△△時間を越えるため、おそらく副業は禁止なのだろう。あえて曖昧に書かれている感じがして、腹が立った。やっぱりシラを切ろう。副業禁止とはっきり書かない会社が悪いのだ、と半ば反発する思いで、決心した。

約束の十時までまだ時間があったので、退職した場合のことを考えた。退職前と退職後には何をする必要があるのかを、ネットで検索した。退職する前に初めにすることとして出てきたのは、「家族に理解してもらう」だった。ドキッとしたが、ネットごときが勝手なこと言うな、と画面をスクロールした。他には「クレジットカードは作っておく」「ローンの申請をしておく」「引越しの予定があれば引越しておく」などが出てきた。その理由は、会社員を辞めると社会からの信用がなくなるから、とのことだった。この時、会社員というだけで信用される、社会の仕組みに違和感を覚えた。なんだか薄っぺらいルールだなと思ったが、そういうルールの下《もと》で自分も生きているんだと、複雑な気分だった。

十時。会議室Wへ向かう。金本さんはすでに中で座っていた。

「ごめんね、忙しいのに時間取らせて」

どう考えてもあなたのほうが忙しい立場やん。それは皮肉ですか。私は緊張でかなり気が立っていた。

「早速なんだけど、高木さんは、副業してますか」

予想通りだった。驚いた風に眉《まゆ》を上にあげ、少し間を置いて答えた。

「してません」

「そうか。そうだよね」

沈黙が流れた。シラを切ったことがバレないように、無表情で金本さんの眉の間を見つめた。

「じゃあ、藤かんなさんって知ってますか」

「知りません」

同期にそんな子いたかしらという表情で答えた。

そしてまた沈黙。金本さんが口を開いた。

「いやね、藤かんなさんっていうタレントさん？　なのかな。そういう人がいて、その人が高木さんにとても似ているって相談があったんです」

「タレントさん？」ってなんやねん。AV女優ってはっきり言えよ。「相談があった」って、誰からあったのかまではっきり言えよ。金本さんの言い方にイラついた。しかし感情が表に出ないように、目の奥から彼の眉間を凝視した。

「その、藤かんなさんって、タレントなんですか？」

金本さんは「そうなんだ」と言って、彼のパソコンをこちらに向けた。藤かんなのXの

ページが開かれていた

「僕も見た時に、高木さんに似てるかなと思ったけど、ちょっと違うような気もするし。あ、でもこの写真なんかは似てるかな。ほら、目元のほくろがね」

藤かんなのXは露出のある写真も多い。彼がXのページを見せるのに、かなり気を遣っているのが伝わった。

「アダルトなお仕事をしてるタレントさんみたいだから、これがもし人違いだったら、大変失礼な話であって……。ただ『高木さんが藤かんなさんに似てる』という声が社内から上がっているのは事実です。だからもしこれから変な噂を流されたりしたら、高木さんがこの会社で働きにくくなるかもしれない。そういう事態になれば、僕はあなたを守らないといけないんです。これは本当に高木さんではないんだね？」

彼はセクハラの地雷を踏まないように、言葉を探して慎重に話しているのが伝わってきた。そして本当に私のことを心配するような表情をしていた。だんだん金本さんが気の毒に思えてきた。

「はい、違います」

だが私は彼の眉間を凝視したまま、感情を殺してそう答えた。息が浅くなっているのか、目眩《めまい》がしてくる。金本さんは軽くため息をつき、「分かりました」と答えた。彼は何を思ったのだろう。心配そうにしている表情は、参ったなあと困惑しているようにも見える。「シラ切ってんじゃねえよ」と私に言いたかったのかもしれない。

「相談してきた人は誰なんですか？」

私は聞いた。

「それは言えないんだけど。彼はこのことを他に言いふらしたりしない人です」

ほんならなんでその人は、まず私に言ってけえへんねん。シラを切ったことの罪悪感より、なぜバラした人は直接まず私に言ってくれなかったのか、という不信感が湧いてきた。

金本さんとの話は十五分ほどで終わった。

会議室を出た。まっすぐ仕事に戻る気にはなれず、一旦トイレへ行った。頭と気持ちを整理したかったのだ。便座の上に座り、大きく息を吸い吐いた。どっと体が重くなる。面談中は動揺を隠そうと必死で、気が遠のきそうだったが、今は思ったより落ち着いてた。いつまでもシラを切り通すことはできないんだろうな。そう心のどこかでは分かっていた。そして覚悟を決めるまでのリミットが、確実に近づいていることも。

トイレを出て、職場に戻り、誰が私のことをバラしたのだろうと、考えながら席につい

このたびは飛鳥新社の本をお購入いただきありがとうございます。

今後の出版物の参考にさせていただきますので、以下の質問にお答え下さい。ご協力よろしくお願いいたします。

■この本を最初に何でお知りになりましたか
1.新聞広告（　　　　　　新聞）
2.webサイトやSNSを見て（サイト名　　　　　　　　　　　　　　）
3.新聞・雑誌の紹介記事を読んで（紙・誌名　　　　　　　　　　　）
4.TV・ラジオで　5.書店で実物を見て　6.知人にすすめられて
7.その他（　　　　　　　　　　　　　　　　　　　　　　　　　　）

■この本をお買い求めになった動機は何ですか
1.テーマに興味があったので　2.タイトルに惹かれて
3.装丁・帯に惹かれて　4.著者に惹かれて
5.広告・書評に惹かれて　6.その他（　　　　　　　　　　　　　　）

■本書へのご意見・ご感想をお聞かせ下さい

■いまあなたが興味を持たれているテーマや人物をお教え下さい

※あなたのご意見・ご感想を新聞・雑誌広告や小社ホームページ・SNS上で
1.掲載してもよい　2.掲載しては困る　3.匿名ならよい

ホームページURL https://www.asukashinsha.co.jp

郵 便 は が き

63円切手を
お貼り
ください

1 0 1 - 0 0 0 3

東京都千代田区一ツ橋2-4-3
光文恒産ビル2F

(株)飛鳥新社　出版部　読者カード係行

フリガナ ご氏名	性別　男・女 年齢　　歳
フリガナ ご住所〒 TEL　　(　　)	
お買い上げの書籍タイトル	
ご職業　1.会社員　2.公務員　3.学生　4.自営業　5.教員　6.自由業 7.主婦　8.その他（　　）	
お買い上げのショップ名　所在地	

★ご記入いただいた個人情報は、弊社出版物の資料目的以外で使用することはありません。

た。

隣に座っている先輩だろうか。私がV撮の台本を印刷してるのを見られたか。

斜め前の先輩だろうか。最近彼氏と別れたって荒れてるからな。

今、目が合ったあの人だろうか。AV好きそうな顔してるもんな。

自分の周りにいる全ての人が疑わしかった。金本さんは「あなたを守る」と言ってくれたが、守るって一体なんなのだろう。この日はやるべき仕事だけ済ませて、定時に退社した。私のことをバラした人が近くにいるかもと思うと、全く集中できなかった。

夜は眠れなかった。金本さんにシラを切った時は動揺していなかったのに、その反動が寝る前にやってきた。これまで嘘をついて良い結果になったことなんてない。けれど真っ正直に本当のことを言う勇気もなかった。きっと会社はこのまま知らんぷりをしてくれないだろう。嘘をつき続けたらどんな未来が待っているだろうか。本当のことを言ったら何が起こるのだろう。情報がなさすぎて予想できない。このまま一年くらい引っ張れたりしないかな。

ベッドに横になったまま「副業　バレる　退職」や「AV女優　正社員」などを検索した。そんなことを検索しても、不安になる情報しか入ってこないのは分かっているのに、全く学習しない私は馬鹿である。スマホのブルーライトと不安な情報で、ますます眠気は遠ざかっていった。

人事部の女性からの電話

翌日、特に何も起こらない一日を過ごした。翌々日も何も起きなかった。このままシラを切り通せるのかな、と思い始めた頃、時はやってきた。金本さんから呼び出された日から五日目の朝、七月四日。始業のチャイムが鳴ってすぐ、私の社用携帯が鳴った。人事部の女性からの電話だった。

「お疲れさまです。今、お時間良いですか」

「お疲れさまです。はい大丈夫です」

「忙しくて無理です」と言おうかと思ったが、それを言ってもまた、電話はかかってくるのだろう。

「服務規律について確認したいことがあり、電話しました。会ってお話ししたいので、七月六日の午前中で、空いている時間ありませんか?」

ドンッ、ドンッと誰かが心臓を叩いているようだ。ピンポイントで日程指定してくるところが、なお心臓に悪い。みぞおちあたりが痛くなってきた。

面談の日時を七月六日の十一時と決め、電話は切れた。三分ほどの電話だった。これは間違いなくAVが関わる「服務規律」の話だろう。人事部と会うのは明後日。私のリミットは一気に明確になった。

午前中の業務をしながら、人事部との面談でどうするかを考えた。もう一度シラを切ってみるのか、本当のことを正直に言うのか。だが人事部がAVのことを話してくるとは限らない。案外AVをやった状態で、この会社で働き続ける相談とかできるかもしれない。いや、そんな優しいはずはないか。シラを切るのか、正直に言うのか。答えが出ないまま午前中が終わろうとしていた。

私には社内で仲の良い先輩がいる。二つ年上の女性の先輩で、名前を白川さんという。彼女はかつてモデルとして芸能活動をしていて、今は会社員として働いているが、SNSで数万人のフォロワーがいる活動的な人だ。私が入社する前、彼女のSNSの内容を見た同僚が「白川さんは副業をしている」と指摘したことがあったらしい。人事部にも呼び出され、揉《も》めたそうだ。

私が入社して以降も、白川さんのことをとやかく言っている社員はたくさんいた。「白川さんの言うことは全部嘘」「あの子はよく見るとそんなに可愛《かわ》いくない」などと、心無いことを言う社員もいた。しかしそれはただの嫉妬《しっと》にしか思えなかった。白川さんは美人だ。社内でもよく目立っていた。そんな彼女が気に食わない人が、彼女のことを無駄に詮索《せんさく》し、文句をつけているようにしか見えなかった。

私は新入社員の頃から彼女と一緒に働いてきた。彼女にはとても世話になったし、姉のように慕《した》っていた。それに「この人はいつも何かと闘っている」という印象を持っていた。真っ直ぐ一所懸命に生きている彼女はとてもかっこ良かった。濁りのない綺麗な人だなと、憧れさえ抱いていた。

そんな白川さんと明日、偶然にも食事をする約束をしていた。人事部との面談の前日である。思い切って白川さんに相談してみようか。彼女なら私がＡＶ女優になったことを知っても、向き合ってくれるかもしれない。もう自分で抱えるのが耐えられなくなるくらい、気持ちは切羽詰《せっぱつ》まっていた。

翌日の夜、仕事終わりに白川さんと焼き鳥屋に行った。いつものように最近の仕事のことやプライベートのことを話しながら、焼き鳥を食べていた。まだＡＶのことを打ち明ける決心はついていなかった。

「白川さんは最近、文句つけてくる人、減りましたか？　白川さんと部署が離れてから、様子が分からないから」

「いや、まだあるよ。これがなくなることはきっとないわ。でももう気にしてないで。いつも注目してくれてありがとう、くらいに思ってる」

やはり白川さんは気持ちの良い人だった。

「前、白川さんとご飯行った時に、人事部から色々言われたこともあるって聞いたけど、そういうのは最近ないんですか？」

「もう人事部はないかな。入社したての頃は結構言われたけどな。ちょっと露出のある写真をインスタにあげたりしてたから。最近は気を付けてるし、大丈夫」

もうここがチャンスだと思って打ち明けた。

「実は私、明日、人事部に呼ばれてるんです」

「……何したん」

「私……AV女優始めて、それがバレたんです」

もしかしたら「AV女優やってるの、知ってたよ」と言ってくれるのではないかと期待した。しかしデビュー作も出ていない私に、そこまでの知名度はなかった。

「そうなんか……」

白川さんは腕を組み、皿の上の焼き鳥を見た。驚いた様子でも、ショックを受けた様子でもなかった。

「本名ではやってないんやんね」

「はい、本名ではないです」

「いやあ、難しいな。どうなるやろ。私の場合は本名やったから、結構な話し合いになったけど、本名じゃなかったら人事部も強くは言われへんよね。でもそこまで脱ぐと、会社はなんとかしようと思うやろな。ちなみにもう作品は出てるの？」

彼女はAVをやった理由を聞くでもなく、バレたことを無駄に心配するでもなく、私の不安を解消しようとしてくれた。

「まだです。デビュー作が来週出ます」

「じゃあ、作品が世に出る前に、なんとかしようとしてきたんやね」

それから人事部とどんな話し合いになるか、私はどうするべきかを一緒に考えてくれた。

「過去うちの会社に、副業で風俗をやってた社員がいたんよ。もちろんその時も副業はダメだったんだけど。ある時、社内にバレてん。でもその人は『自分はやってない』って言い切ってたんやって。そしたらSNSとか掲示板に、本名とかどこの会社に勤めてるとかを色々バラされて。結局その社員は病んで会社辞めちゃってん。一番怖いのは、噂がどんどん変な感じで広がることだと思う。本名とか、どこの会社で働いてるとか、そんなん楽しんでバラす奴おるからな。自分ができないことへの僻《ひが》みとか嫉妬で、そういうことするんよ。特に女がそういうことする。風俗とかAVやってる人の噂を、嫌な感じで広めるのって女が多いねん。女の敵は女やからな」

ここまで具体的な例を挙げられると、正直に人事に打ち明けたほうが良いかと思えてくる。

「もし私が会社辞めて、その後に社内でバレたら、そういう噂を流されるんでしょうか」

「いや、それはきっとない。噂を流す人は、自分と同じフィールドにいる人が、他のフィールドでも活躍してることに嫉妬するから。彩ちゃんが会社を辞めた後にAVがバレたとしても、『え、あの子AVやってたんだ！』で済むと思うよ。難しい選択だけど、もし明日、人事部がAVのこと聞いてきたら、正直に言ったほうが、結果的に良いかもしれへんな。ごねて退職金もらえなくなるとか、強制解雇になって履歴に傷がつくよりも、綺麗に自主退職するほうが……。そしてみんながまだ知らないうちに……。でも、それもしんどいよね」

私たちの間に葬式のような空気が流れた。その後も白川さんは、私が今後どうすべきかをずっと考えてくれた。

「私の友達にAV女優も何人かいるねん。あの業界はまだまだ偏見があるし、きっとその偏見が消えることもない。でも、AVやってる友達は『本当にやって良かった』って言ってるよ。キラキラしてる。彩ちゃんは専属女優でデビューするんやろ？　専属はかなり選ばれた人しかできない仕事だし、女としての需要の証明の一つやで。Xでもメーカーがかなり宣伝してくれてるやん。良い波乗ってる感じする」

彼女は藤かんなのXを見ながら言った。そして私のデビュー作のパッケージや、サンプル動画を見て、こう言った

「これはもう駆け抜けたら良いと思う！　自信持って！」

大好きな先輩に背中を押され、鼻の奥が熱くなった。

「人生ってさ、全力で生きても足りないなって思う。だから後悔する暇ないかもってよく思うよ。やりたいことはやったもん勝ち！　つまずく時はつまずいたら良いし、正解不正解なんてなくて、全部正解なんよ。どんなことだって、本気でやってるなら正義だと思うな。私は」

あれ。こんな言葉、後藤さんも言っていたな。

「デビュー作、買うね。これからなんやかんや言ってくる人がたくさん出てくるだろうけど、『私に興味があるんだ、ありがとう』くらいに思っておいたら良いんやで。私は彩ちゃんの味方やし、もう、いちファンでもあるよ。彩ちゃんは確かにスタイル良いし、顔も綺麗だけど、私は何より人としてとても好きで、あなたは中身がとても素敵だから。それを忘れずに自信持って輝き続けて」

ただ「ありがとうございます」としか言えなかった。会社を辞めることになったら、もう彼女と一緒に働けなくなるのかと思うと、少し切なかった。

四時間くらい話し、日付が変わる三十分前に店を出た。

「明日頑張ってな。いつでも連絡ちょうだい」

白川さんは大きく手を振り帰っていった。たくさんのエネルギーをもらった感じがする。

明日の人事部との面談は、しっかり向き合おう。

六年半、お世話になりました

七月六日、十一時、人事部との面談。金本さんと面談した時と同じ、会議室Wに呼ばれた。もうこの部屋、トラウマになりそうだ。

部屋に入ると、人事部の女性が二人いた。私に電話をくれた三十代後半くらいの小池さんと、人事部長である五十代半ばくらいの泉さんだ。なんで二人おるねん、と思ったけれど、両人とも女性というのは私への配慮だろう。いや、セクハラと訴えられないようにするためかな。

席につくと、小池さんが言った。

「高木さん、副業はしていますか？」

単刀直入だった。本当に私をなんとか処理したいのだろう。意地悪心でもう一度シラ切ってみようかと一瞬考えたが、昨日の白川さんとの話を思い出し、正直に答えた。

「はい、してます」

小池さんは軽く頷《うなず》き、続けた。

「藤かんなさん、ですか？」

「はい、そうです」

二人が息を呑むのが分かった。

「どうして……」

小池さんは小さな声でつぶやいた。ショックを受けているようだった。

「うちの会社は社員の健康を守るために、副業をしてはいけないことになっています。そのことは知っていましたか？」

「はい、知っていました」

社員の健康って一体なんだよ。副業しちゃいけないなら、就業規則に分かりやすく書いとけよ。

「じゃあなんで……」

小池さんは眉間に皺《しわ》を寄せ、目を細めながらつぶやいた。そんなにショックなのだろうか。

「そっちのお仕事を辞めるつもりはないの？」

何も言えない様子の小池さんに代わって、泉さんが口を開いた。彼女は何が聞きたいのだろうか。ＡＶを辞めて、会社に残ることを勧めるつもりなのか。たとえ副業していたことを帳消しにしてくれるとしても、このまま会社で働く未来に、ワクワクはしなかった。覚悟してなったＡＶ女優をやめる考えは微塵《みじん》もなかった。

「はい、ありません」

しかしそう言った瞬間、涙が出てきた。

なんで？　なんで私、泣いてるの？

AVのことが初めて誰かにバレた動揺、会社にバレたら辞めることになるのかなと思い続けてきた心配、そしてこれからAV女優一筋でやっていくことへの不安。これまでの数日、いや、エイトマンに面接に行った日からずっと抱えていた、誰にも言えなかった心配や不安が、一気に溢《あふ》れ出した。彼女たちの前で絶対泣きたくなかったが、堪《こら》えることができなかった。小池さんと泉さんは何を思っただろう。この子はAVをやって後悔してるんだわ、無理矢理やらされてるんじゃないかしら、などと思ったかもしれない。

小池さんは言った。

「本当はこの会社にいたいんじゃないの？」

この人、私をかわいそうと思っているのだろうか。馬鹿にすんなよ。

「この会社にいたい」。その思いは心の中のどこにも見当たらなかった。これが私の答えなのだ。もう、会社、辞めよう。

涙は止まっていた。

「それはないです。私はこの会社で六年半働いてきましたが、ずっとやりがいを見つけられなかったんです。それはもちろん私に原因があります。でも、やりがいのないまま、評価もされないまま働き続けることが辛《つら》かった。これから先の楽しい未来が見えないまま、一日のほとんどを拘束され、そんな毎日が永遠に続くと思うと、苦しかったんです」

二人はただ黙って聞いていた。私の目からは再び涙が溢れ出した。頼むから泣くのをやめてくれ。そう思う気持ちに反して涙は流れ続けた。小池さんが目の縁《ふち》を少し赤くして、言った。

「私たち人事部は、社員が快適に働けるために尽力する部署でもあります。なので高木さんが、この会社でやりがいを見つけられずにいたというのは、私たちの力不足でもあります。ごめんなさい」

謝ってほしいんじゃない。やりがいを見つけられなかったのは私なのだから。誰が良いとか悪いではないのだ。

「いえ。六年半、会社には本当にお世話になりました。この会社で働いていて愉《たの》しかったことは、たくさんあります。ありがとうございました」

「そう言ってもらえると、こちらも少し救われます」

小池さんは言った。社員がＡＶ女優だったなんて出来事はきっと初めてで、動揺しただろう。だが彼女からは嘘ではない情を感じられた。

それからは小池さんが退職までの事務的な説明をした。私が正直に副業を認めたので、自主退職とすること。退職までの最短期間は二週間と決まっていること。部署長の金本さんに退職届を提出してほしいこと、などなど。私はぼんやりと話を聞いていた。変わらず涙は流れ続けていた。

「退職までこちらもサポートしますので、分からないことはいつでも連絡ください。何か、伝えておきたいことはありますか？」

頭はぼんやりしていたし、特に何も言うことはなかったが、一つだけ。

「金本さんに数日前、副業してますかと聞かれて、嘘をつきました。それは謝りたいです」

「直接言いにくければ、メールでも良いと思いますよ。もし必要ならば、私も同席するので言ってください」

小池さんは少し微笑んだ。

部屋は静かになった。私が鼻をすする音だけが響く。涙を吸い込んだティッシュの塊《かたまり》が野球ボールくらいの大きさになった頃、泉さんが言った。

「少しは、スッキリした？」

胸に小さくはない刃物が刺さった感じがした。彼女は私が泣いているのを哀れな目で見ていたのだろうか。そういう意味の発言ではないと信じたい。だってさっき「この会社には本当にお世話になりました」と感謝したばかりなのだから。私は泉さんの目も見ず、何も言わなかった。

彼女たちは私を部屋に残して、先に退室した。

「終わったんやな」

椅子の背もたれにもたれ、天井を見あげた。改めて口に出してみると、また涙が溢れてきた。もう何の涙か分からなかった。

最終出社日と「退職マニュアル」

十分ほどそのままぼんやりして、涙がおさまった頃に部屋を出た。昼休憩の時間まではあと三十分ほどある。泣き腫《は》らした真っ赤な目で職場に戻ることもできない。とりあえず白川さんにLINEを送った。

「面談終わりました。正直に言いました」

返事はすぐにきた。

「お疲れ！　よく頑張ったな。今からお昼行かへん？　お疲れ会しよ」

白川さんと会社を出たところで合流し、早めの昼食に行った。会社から少し離れた定食屋に行き、一番高いメニューを注文した。

「面談中、泣いてしまいました」

真っ赤な目を見られるのが恥ずかしく、白川さんと目を合わせられないまま言った。

「そりゃ泣くよ。私だって泣くわ。本当のこと言うの絶対怖かったと思うし、勇気いったと思うで。だから本当に頑張ったよ」

泣いてしまったのは、恥ずかしいことではなかったのか。

「でもさ、うちの会社、副業してる人結構いるのにね。同じ部署のKさんとか、本社のYさんとか。社内でも結構有名やけどな。会社も全く知らないってことはないと思う。それなのに、AV女優はあかんねんな。いっそ会社も協力して、お互いに知名度あげたら良いのにって思うよ。まあそういうわけにはいかないことも分かるけどね。でもなんかモヤッとするわ。AV女優みたいに女を武器にする仕事があかんねやったら、パパ活してる子なんかはどうなんって思う。

「AVってやっぱり偏見あるし、すごく下に見られてると思うねんな。風俗とか水商売もそう。でもこんな大変な仕事できる人なんて、そうそうおらんよ。覚悟はもちろんいるけど、容姿だって綺麗じゃないとだめ。精神力も体力も相当いる。会社員なんかよりずっと大変な仕事よ。『体を売ってる』とか『女を売ってる』とか言われるけど、それを売って何が悪いって私は言いたい。人より綺麗な体とか顔を持ってて、それを使って勝負して何が悪いん。あなたに何か迷惑かけてますかって言ってやりたい」

彼女はきっとこれまで、たくさんの悔しさや屈辱を味わってきたのだろう。職場で「白川さんはちやほやされてる」とか「自分に酔ってる」という陰口を、何度も聞いたことがある。彼女から「いつも何かと闘っている人」という印象を感じていたのは、間違っていないのだろう。

「白川さんはAVしようとか考えたことはなかったんですか？」

彼女はAV女優や、AVメーカーにとても詳しい。なので思い切って聞いてみた。

「それはなかったな。私、セックスは自信ないもん。魅せられるものができるとは到底思えない。でもAV制作にはすごく興味ある。それもすごく大変な仕事なんだろうけど、女性だから作れる作品もあるんちゃうかな」

またいつか白川さんと一緒に働くことができれば良いのに。そう思いながら、私たちは昼休憩を終え、会社に戻った。

翌日から退職手続きは速やかに進んでいった。私はまた人事部の小池さんに呼び出された。最終出社日を決めるためだ。

「退職すると決まっても二週間は退職できないんです。なので最終出社日は今日から二週間後以降になるのですが、いつにしますか。仕事の引き継ぎや挨拶とか、有休消化の兼ね合いもあるので、高木さんの都合の良い日で良いですよ」

きっと退職日までの期間、会社にはどんどん居辛くなっていくのだろう。誰かにバレているかもという不信感と、自分が辞めることで同僚に負担をかけるだろうという罪悪感。しかし後者に関しては、私がいなくても会社は回る。それが会社員というものだから。最終出社日は最短の二週間後、七月二十二日にした。

「金本さんには、高木さんの退職の旨《むね》を伝えていますので、またご自身からも、タイミングの良い時に伝えてださい」

小池さんは言った。金本さんは私が藤かんなだと認めたことを聞いて、どんな気分だっただろう。

その日の午後は人事部の別の人から、より詳しい退職手続きの説明を受けた。健康保険や年金、パソコンや社用携帯・社章の返却、退職金の説明など。退職までにやることは結構あり、抜け漏《も》れなく全てできるのか不安になった。誰かに相談しようにも、社内にいる人は誰も退職を経験していない。それに私が退職することはまだ社内には公表しないとのことだった。なので管理部からもらった退職マニュアルを穴が開くほど読んだ。

健康保険や年金の手続きの項目を読んでいると、会社がいかに色々サポートしてくれていたのかが分かった。健康保険の保険料を、会社がある程度負担してくれていたことなど知らなかったし、年金も厚生年金として会社が積み立ててくれているとは知らなかった。会社員は安定というイメージの意味がようやく分かった。同時にそのありがたさを知らずに働いていたことを、少し反省した。

退職直前で気付いたこと

「退職マニュアル」を熟読していると、直属の先輩、柿山さんが「少し話できる?」と声をかけてきた。彼女は私の五倍近い社歴を持つ、五十代のベテラン社員だ。彼女とはほぼ二人三脚で仕事をしていたので、すでに私が退職することは伝わっていたのだろう。

小さな会議室に入り、彼女が言った。

「会社、辞めるって聞いたんだけど……」

気を遣って心配そうに聞いてくる彼女を見て、とても申し訳なくなった。柿山さんには本当に世話になっている。私が辞めた後、私の抱えていた仕事は、彼女が担当してくれることになるだろう。いつも黙々と仕事をして、他チームの社員からの文句も淡々と聞いて、後輩の仕事をいつも見守ってくれていた。この人の負担を少しでも減らしたいと思って仕事をしてきたが、逆にこれから負担を増やしてしまう。

「なんで辞めるのか、聞いても良いかな……」

なんと答えたら良いだろう。とてもじゃないがAV女優になるんですとは言えない。

「バレエで頑張っていこうと思っているんです」

一〇〇パーセント本当ではないが、一〇〇パーセント嘘でもない。それを聞いて柿山さんは言った。

「高木さんの本当にしたいことが見つかったようで良かった。頑張ってね」

なんとも言えない罪悪感に苛《さいな》まれた。柿山さんは私が昇格しないことを、よく気にかけてくれていた。仕事に対する意欲が徐々に下がってきていることも、察してくれていたのだろう。会議の場などでも「高木さんはどう思う？」と、よく私に意見を聞いてくれていた。そんな彼女の好意を無下《むげ》にしてしまった気がした。

自席に戻り、再び退職マニュアルを読んでいると、今度は柿山さんの上司に当たる、栗林さんが声をかけてきた。

「高木さん、ちょ、ちょっと良い」

明らかに慌てた様子である。きっと退職のことを聞いたのだろう。ちなみに私の所属する部署は金本さんが部署長であり、その下にチーム長である栗林さん、そしてそのチームの中に、柿山さんや私が属するという構成になっている。

栗林さんと小さな会議室に入った。彼女は四十代の女性社員で、仕事と子育てを両立させていることもあってか、母のような優しい人だった。私が辞めると知って、とても動揺した様子だった。

「さっき金本さんから、高木さんが辞めるって聞いたんだけど。私ちょっと焦っちゃって。いきなり呼び出してごめんね」

柿山さんの時と同様、とても申し訳なく思った。

「突然辞めることになって、すみませんでした」

「いやいや、びっくりしたけど、それは良いんだよ。……これからどうするとか、聞いても良いかな。言いたくなかったら良いんだけど」

栗林さんもとても気を遣って聞いてくる。私はまた「バレエで頑張ろうと思ってます」と答えた。本当の理由を言えないことに、心が痛んだ。栗林さんは「夢叶えるって素敵だよね。でも芸事《げいごと》を仕事にするって大変だよね」と、私の代わりに不安そうにしてくれた。

ここでは余計なことは話さないでおこうと決めていたのに、気が付けば彼女の母のような雰囲気に呑まれて、これまで誰にも言えなかった心の内を漏らしていた。会社で自分の強みを見つけ出せず悩んでいたこと。やりがいを見つけられなくて苦しかったこと。結果、評価がもらえず昇格もできず、辛かったことなど。

「今こうして、高木さんが何を思って働いていたのかを聞けて良かった。良かったってのもおかしいけど、あなたはいつも周りに愚痴とか言わないからさ。仕事も丁寧で早いし、なんでも淡々とこなしてくれるけど、楽しく仕事できてるかな、と少し心配だったんだ」

母のような温かさに目頭《めがしら》が熱くなった。

「私が見ていて、高木さんにはたくさん長所があったよ。まず本当に仕事が早いの。うちのチームのみんなはすごく残業するけど、あなたはほぼ毎日定時に帰るでしょ。一体どうやってるのか、いつかみんなにレクチャーしてもらおうと思ってたんだよ」

毎日定時に帰ることを、すごいと思ってもらっていたことに驚いた。確かに私はいつも定時に帰る。ただこれは、私が絶対定時で帰りたい雰囲気を出しているからで、栗林さんが気を遣って、私に仕事を振らないようにしているのだと思っていた。

「それに資料が分かりやすいの。議事録とかメールの文章がすごく綺麗で、分かりやすい」

これにも驚いた。私は自分の書く文章に、いつも自信がなかったからだ。学生の頃は「自分の世界観がありすぎる」「それっぽいこと書くの上手」などと言われ、良い評価をもらったことはなかった。いつかの彼氏には「LINEが冷たい。なんでいつも『。』で終わるん。絵文字とか使えないん」と嘆《なげ》かれたこともある。社会人になってからは「文章に独創性がありすぎる」や「公《おおやけ》に読んでもらうことを想定してない」と指摘され、資料を作ることにだいぶ苦労した。それでも書くことは避けられなかったし、書き続けているうちに、私の文章能力は上がっていたのかもしれない。そのことに、もっと早く気付ければ良かった。

栗林さんと話をして反省した点が一つあった。もっと周囲に自分のことを話すべきだった。

たんだと。私の職場はいつも忙しい。みんな忙しく残業が多い。なので新人の頃は、ずっと先輩に話しかけられなかった。相手の時間を奪わないように、自分の中で結論を出してから話しかけないといけないと思っていた。ましてや私が何を思って働いているかなど、仕事の進行に関係ないことは、話す必要がないと思っていた。

入社四年目くらいになると、先輩や上司に話しかけることにそこまで躊躇《ちゅうちょ》しなくはなったが、これから自分がどうしたいかや、悩みや考えを積極的に言うことはしなかった。やはりまだ、自分の中で答えが出ていない話をして、相手の時間を奪ってはいけないと思っていたように思う。

でも実はそういう話が一番大切だったのかもしれない。私が何を考えているか分からないと、相手もどうして良いのか分からない。そんな当たり前のことを、退職する直前で気付いてしまった。

退職届の差し戻し

その日、退勤前に金本さんにメールを入れた。

「お疲れさまです。先日、金本さんに『副業してますか』と聞かれ、嘘をつきました。勇気が出なくて本当のことを言えませんでした。すみませんでした」

送信ボタンを押してパソコンを閉じ、すぐに会社を出た。

翌日出社すると、金本さんからメールが返ってきていた。

「お疲れさまです。本当のことを言えたようで良かったです。きっと僕が想像できないほど、たくさん考えや思いがあるのだと思います。体だけは壊さないように。新天地でも頑張ってくださいね。あと少しですが、よろしくお願いします」

メールに返事はしなかった。

この日から身の回りの片付けを始めた。まだ退職することを周囲に知られていなかったので、引き出しの中の資料を少量ずつこっそりシュレッダーにかけ、ロッカーのものをそっとゴミ袋に詰め捨てにいった。周囲に不審に思われないよう気を遣っていたが、私がばたばたしていても、誰も全く気にかけていなかった。

午後、退職届を作成した。ネットで「退職届　テンプレ」と検索し、適当なものをプリントアウト。日付と名前を書き、印鑑を押して、コンビニで買った白い封筒に入れ、金本さんに提出した。しばらくして金本さんに呼び出された。退職届の差し戻しだ。部署名の書き方や、その他二点ほど書き直しと言われた。おそらくこれが最後の差し戻し。再び退職届を印刷し直し、少し感傷的になりながら再記入し提出した。ありがとう金本さん、という感謝の気持ちを込めて。すると「印鑑、押し忘れてるよ」と、もう一度差し戻され、三度目の提出でようやく受理された。さっきまでの感傷はゼロ。現実はドラマのように美しくはいかない。

その後も片付けをしたり、仕事の引き継ぎ資料の作成などをして、定時で退社した。私が退社した後に、金本さんから同部署の全員に一斉メールが送られていた。

「七月二十二日付で、高木さんが退職されます――」

きっとわざわざ私が退勤した後に送ってくれたのだろう。社用携帯でメールを確認し、全文は読まず、家に帰った。

夜、同期からLINEがきた。「彩ちゃん、会社辞めんの⁉ びっくりしたよ。どこ行っちゃうの」「ようやく辞めるんやな。俺もいつか追いかけるわ！」などなど。ようやく辞めるんやなってなんやねん、と思ったが、私がつまらなさそうに働いていたのは、バレていたのだろう。

「バレエで頑張るねん」

そう返事をすると、「バレエ、ずっと頑張ってたもんね。やりたいことするって本当に素敵だと思うよ。頑張って！」や「夢追いかけるんか。最高やんけ！」とエールをもらった。みんなありがとう。本当のこと言えなくて、ごめんな。

翌日、出勤すると、たくさんの人から声をかけられた。「退職するんだってね。びっくりしたよ」「新天地でも頑張ってね」など。「次は何するの？」と聞かれるたびに、「バレエで頑張ります」と答えた。まるで自分に言い聞かせているようだった。AV事務所の面接を受けていた時も、AVをやる理由に「バレエ教室を開くための資金づくり」と答えていたのだ。これは本当にバレエ教室を開かないといけない気がし始めた。

昼、同期の一人にランチに誘われ行った。

「バレエで頑張るって、教室開くん？」

彼女も昔バレエをやっていたらしい。

「うん、すぐには無理やろうけど、いつかは開きたいと思ってるねん」

「ずっとバレエ頑張ってたもんな。彩ちゃん、こないだコンクールで一位獲ってたやん。きっと上手くいくよ」

先月、私はバレエのコンクールに出場して、シニアの部で一位を獲ったのだ。彼女は私のバレエを応援してくれていた。

「でもコンクールで一位獲ったからって、プロほどの技術はないからな。海外バレエ団で主役やってたみたいな功績もないし」

「それは大丈夫じゃないかな。バレエを習う目的って人それぞれやもん。プロのバレリーナになって、海外にも行きたいって人は、プロの先生に習いに行くやろうし、逆に、ちょっと体動かしたいだけの人は親しみやすい先生に習いに行くやろう。お教室の魅力って先生の技術云々《うんぬん》よりも、先生の人間力やと思うよ。いつか緩めの大人クラスつくってや。私もまたバレエしたいわ」

「お教室の魅力は先生の人間力」——この言葉に勇気をもらった。もし私が教室を開くとなったら、バレエに触れる機会のなかった人たちの入り口になる、そんな教室を目指すべきかもしれない。バレエ教室を開くことを、現実的に考えてみようと思った。

最後の挨拶で流れた涙

最終出社日の七月二十二日はあっという間にやってきた。

朝、始業のチャイムが鳴り、私はみんなが注目する前に立っていた。最後の挨拶として何かを話さなければならなかった。しんみりした空気になりたくなく、短くサラッと終わらせるつもりだった。

「この会社には六年半、お世話になりました。ありがとうございました。突然退職することとなり、ご迷惑をかけた方々には本当に申し訳ありません。昨日の夜、この会社から教わったことは何かなと考えました。たくさんあります。でも総括すると、大人として当たり前のことを教わったように思います。人とのコミュニケーションの取り方や言葉の選び方、集団組織で上手くやっていくためのコツみたいなもの。初めはその当たり前が上手くできなくて、自分の中で腑《ふ》に落ちなかったり、つまずくこともありました。けれど失敗しながらも繰り返していくうちに、少しずつ楽になってきて。私はようやく大人になることができたように思います。ただ、一つ残念だったのは、この会社でやりがいを見つけることができなかったことです」

視界が少し歪《ゆが》んできた。

「もちろん、それは私の力不足です。仕事をもっと楽しいと思えていたら、今日、ここに立っていなかったかもしれません。それだけが残念だし、一緒に働いてきた皆さんにも申し訳なく思っています」

でも仕事を楽しいと思ってる人なんて、そんなにいないよな。入社三年目の頃、ある先輩に言われた言葉を思い出した。

「仕事を楽しいと思ってる人なんていないよ。みんな生活のため、家族のために仕方なく働いてるんだ。それがサラリーマンなんだよ」

当時、この話を聞いて悲しくも同感した。残業が多く、体力的にも辛くなっている時期だった。土日は昼に起きて、平日に溜まった掃除や洗濯をしたら終わってしまう。毎週日曜日の夜は叫びたくなるほど、明日がくるのが嫌でたまらなかった。仕事を楽しいと思えない、やりがいを感じられない、自分は社会で必要とされていないのかもしれない。そう思っていたのは私だけじゃないはずだ。しかしその人たちは、それでも我慢して働き続けている。でも私は耐えられず両手を挙げてしまったのだ……。

「これからは新しい世界でチャレンジしていきます。六年半、本当にありがとうございました」

全て話し終えた後、私は泣いていた。絶対に泣くまいぞと堪えていたが無理だった。拍手が送られる中、同期が花束を持ってやってきた。

「同期一同からです。彩ちゃん、寂しいけど頑張ってね」

そして柿山さんからも花束をもらった。

「高木さんと一緒に仕事をしてきて、とても楽しかったです。ただ、もっと力になることはできなかったのかなとも思っています」

彼女も目の縁が少し赤い。

「体に気をつけて。またバレエの舞台、見に行かせてください」

柿山さんは握手をしてくれた。

私はもっとこの会社で踏ん張れたのではないだろうか。

そう思ったのはこの時が初めてではない。退職すると決まってからの二週間、何度も思った。もし私が助けてほしいと声を上げれば、手を差し伸べてくれる人はたくさんいたのではないだろうか。いや、実際にいた。私のことを心配して、食事に誘ってくれる先輩たちはいた。ただ仕事の悩みや不満を相談することは、なかなかできなかった。相談したところで仕事が楽になることはないという気持ちがあったし、悩みや不満などの負の感情を人に晒《さら》すのが怖かった。そう思うようになったのは過去のある出来事からだった。

入社したばかりの頃、私はよく当時付き合っていた彼に、仕事の不満などを話していた。

彼は同じ会社の同期だった。ある時、彼は言った。

「仕事の話をしないでほしい。上司の悪口を聞くのはしんどい。だってその上司は僕の上司でもあるから」

確かにその通りだと思った。自分の上司を悪く言われると気分が悪かっただろう。それに負の感情は伝染する。彼に不満を聞いてもらうのは、あまりに自分勝手だったと反省した。

それから仕事上の鬱憤《うっぷん》は全てノートに書くようになった。私は十代から日記をつけていた。その日記が負の感情をぶちまける捌《は》け口になった。人には面と向かって言えない汚い言葉を、ぐちゃぐちゃの文字で書き殴った。この頃の日記帳は七冊に及んだ。

こんな私だが、会社での人間関係はとても恵まれていた。「助けてほしい」の言葉は全て日記帳に吸い取られていたが、私を気にかけてくれる同僚や上司はたくさんいた。ただ、その人たちを本当に頼って良いのか分からなかった。

最後に金本さんが、締めの挨拶をした。

「これは部署のみんなからです」

寄せ書きが渡された。寄せ書きなんて高校生以来だ。退職の挨拶が終わり、同期やチームのメンバーと写真を撮った。そしてこれまでお世話になった人たちに挨拶をしに行った。挨拶のたびに、「次はどの会社に行くの?」「なんの仕事するの?」と聞かれ、「バレエで頑張ります」と答え続けた。

午後五時半、退社する前に、日頃よく雑談をする他部署のおじさんに挨拶をしに行った。

「高木さんが辞めるなんて寂しいわ。来年あたり、君を僕の部署に引き抜こうかと思っててん。高木さん、むっちゃ仕事早いやろ。感心してててん。僕の部署に来てくれたら、きっと凄腕《すごうで》インテリヤクザになれたと思うねんな……」

おじさんが私の長所を見てくれていたなんて知らなかった。

「なあ、退職届、差し戻してもらうように、交渉しに行こか？」

「そんなん今さら無理ですわ」と笑いながらも、胸に寂しさが膨らんだ。私は会社での評価が低いと思っていた。実際六年半勤めていて、一度も昇格はできなかった。しかし私のことを見てくれていた人はいたようだ。華々しい功績、素晴らしい評価はなかったけれど、腐らず頑張ってきて良かった。

「でもな、君みたいなのは、ここで収まらんで良いと思うわ。新天地でも頑張ってや」

おじさんはいつか、私がAV女優をしていることを知るだろうか。知ってどう思うだろう。残念な気持ちにさせないためにも、ちゃんと結果を残さないとな。そう思って家に帰った。

翌日は土曜日だった。なので二日間は会社を辞めた実感が湧いてこなかった。そして月曜日。目が覚めると、朝の六時半だった。ベッドから出て顔を洗って、ふと思った。

「会社、もうないのにね」

そうつぶやいて、再びベッドに潜《もぐ》った。

昼過ぎに目が覚め、後藤さんにLINEした。

「私事《わたくしごと》なのですが、会社にAVのことがバレて、辞めることになりました」

彼にはこの時初めて、AVがバレたことを告げた。会社を辞めることが決まってもずっと言えずにいた。負担に思われそうで怖かったからだ。藤かんなは、会社員とAV女優の二足の草鞋《わらじ》を履《は》いている。もしAV女優としてダメになっても、会社員で生きていける。しかし会社員を辞め、AV女優のみになってしまったら、本当にこの子の人生を背負わなければいけない。後藤さんにそう思われそうで言えなかった。

しばらくして返事がきた。

「お疲れさまでした！！！！！！！！」

語尾にびっくりマークが八つも付いている。

「八月、ご飯行こうか。お疲れ会しよう」

そうして食事に行く日取りを決めた。

人生のドラマをエンタメに

八月八日、十二時。大阪、心斎橋《しんさいばし》のすき焼き店。

「とりあえず会社員、お疲れさま。で、どうやった？」

久々の後藤さんに緊張しながらも、会社を辞める一連の流れを説明した。

上司に呼び出されて、一度はシラを切ったこと。会社の先輩にAV女優をやっていることを打ち明けたこと。人事部に呼び出されて本当のことを言ったこと。彼女たちにAV女優だと打ち明けると、ショックな顔をされたこと。同僚には会社を辞めてバレエで頑張ると言ったこと。みんな応援して送り出してくれたこと。

一通り話し終えると、彼は怒濤《どとう》のように話し始めた。

「まずさ、バラした奴、誰なん。あなたに直接は言ってこなかったん？　社内に言いふらすことはしてない？　はぁ？　そんなんただの偽善者やん。人事部の人がショック受けてたって何なん。それってAV女優のことを会社員より下と思ってるよね。あとさ、人事部が最後『少しは、スッキリした？』って言ったの嫌やわあ。その人あんまり綺麗じゃないやろ。中年のおばさん？　やろな。その言葉はあなたへの嫉妬やで」

彼はものすごく腹を立てていた。そのことになんだかおかしくなった。バラした人が私に直接言ってくれなかったこと。AV女優だと知って人事部がショックを受けたこと。「少しは、スッキリした?」と言われたこと。あの時の不快感は憤《いきどお》りだったんだ。私は腹を立てて良かったんだ。彼が怒ってくれることで、心が軽くなっていく感じがした。

「でも会社は大人な対応をしてくれたね」

後藤さんの言う通りである。私がAV女優だと気付いている人は、他にもいたかもしれない。でも退職するまでAVのことを言われることはなかったし、探りを入れられることもなかった。最後はみんな、快く送り出してくれた。

「そうや。会社クビになったこと、Xに書き」

彼からの突然の提案に、箸《はし》を持つ手が止まった。

「AVバレて会社辞めることになって、きっとしんどかったと思う。でもしんどかったまま終わったらあかん。だから書くねん。自分のために。人生のドラマを面白く書くねん。『会社の上司にAVのことがバレたかもしれない。どうしよ』とか、『今から上司と話してくる。昼過ぎにまた報告する』って投稿を見たら、フォロワーは絶対見るよね。かんなちゃん、そんなことXに書いたら、余計にバレるよ、って思いながらも見るよね。『バレてた。どうしよ……』ってトイレの天井の写真とかあげたら良いねん。

こんなドラマ滅多にない。人生をエンタメにするねん。きっとXに書いたら、見た人は色々考えると思う。それにバラした奴も絶対見る。俺のこと書かれるんちゃうか、って気になると思う。いや女かも知らんけどな。最後は会社に感謝を伝えて終わるねん。だって実際に気持ちよく送り出してもらったもんな。『AVがバレて会社は辞めたけど、良い会社だった』って締めくくろう。悲しかったことも、苦しかったことも、面白く昇華させないと、次に繋がれへん。あなたが会社をクビになった人生のドラマを、エンタメに昇華させよう」

それを聞いて、体温が上がっていく感じがした。確かにこんなドラマ、AV女優にならなければ決して起きなかっただろう。私のことをバラした奴をひやひやさせられると考えると、ゾクゾクした。

緊張も少しほぐれてきて、私は今の心境を彼に伝えた。

「会社辞めて今、正直何やって良いか分からないんです。拘束されていた時間が自由になると、逆にどう過ごして良いか分からない。会社という安全網がなくなったと思うと、のんびり本も読めなくて。AV女優の寿命って短いですよね。だったらのんびりしてる暇なんてないですよね。何かしないとって思うけど、何をして良いのか分からないんです。ぼーっとしてると、いつかどっかで野垂《のた》れ死《じ》ぬんじゃないかって、気が休まらないんです」

「AV女優の寿命は短い。本当に短い。でもあなたは、この世界で残っていける確率を上げるネタは持ってる。学歴、バレエ、今回の会社バレもそう。今の自分ができることを、やり続けなあかん。それもワクワクすることをやり続けるのが重要。そしたら結果は絶対ついてくる」

その言葉を聞いても不安は消えなかった。

「バレエの指導を始めてみようと思ってます。会社の同僚にも『いつかバレエ教室開くから』と言ってしまったし。そのためにバレエ教室の計画を立てました。客単価いくらで、どのくらい集客があれば生計を立てられるか。今の貯金で、どのくらいの期間なら、赤字でも耐えられるかとか。でもバレエ教室を開くのは、あまりワクワクしない計算結果でした」

後藤さんは私の目をじっと見ている。

「バレエも良いけど、とりあえず今は会社にAVがバレたことを書き」

彼にそう念を押され、私たちはすき焼き店を出た。後藤さんとは店先で別れ、私は駅に向かった。心斎橋駅のホームで電車を待っていると、彼からLINEがきた。

「三〇パーセントの不安。夢のためにはこれが必要やねん。だって不安がなかったら努力せんもんな」

不安は持っていて良いのか。少し気持ちが楽になった。家に帰ったらXの構成を考えよう。AVがバレて会社を辞めるまでの文章を考えながら、家に帰った。

翌々日からXに投稿を始めた。

人事部から呼び出された時からすでに約一カ月が経っていた。当時の状況や心境をきちんと書けるか不安だったが、案外リアルに思い出せた。上司に呼び出された時のドキドキ。「藤かんなじゃありません」とシラを切ってからのソワソワ。書きながら気持ちがしんどくなったこともあった。もっとシラを切り続けて良かったんじゃないか。そうしたら会社を辞めずに済んだんじゃないか。なぜ副業がダメなのか。もっと駄々《だだ》をこねても良かったんじゃないか。済んでしまったことに対してぐずぐずと後悔もした。

会社にバレた話を投稿し始めると同時に、バレエの指導も始めた。ダンス講師をしている友人に会い、カルチャーセンターでの働き口を紹介してもらった。知り合いのバレエの先生に会いに行き、アシスタントをさせてくれないかとお願いをしに行った。ジムを経営している知人にバレエ教室を開く話をし、教室の物件の相談をした。バレエ講師の活動は少しずつ形になり、最終的には七クラスを受け持つことができた。しかしその一年後、AVが所属していたバレエ教室にバレて、AV女優がバレエ講師をしていたことがXで話題になり炎上。私は七クラス全ての指導をやめることになった――。

AVがバレて会社を辞めるまでの話が、X上で終演を迎えようとした頃、後藤さんから電話があった。

「Xのみんなの反応、すごいことになってるね」

彼が言うように私の投稿は図らずも注目されていた。

「自分ではただ起きたことを書いただけと思っているだろうけど、Xを見ている人の感情を揺さぶった。これはすごいこと。素晴らしい」

AVがバレて会社を辞めた経緯をドキュメンタリー風に書いただけの文章が、人の感情を揺さぶっているらしい。

みんな、これがリアルで起きてると思ってるんかな……。

不思議な気分だった。会社にAVのことがバレそうな時、こんなに堂々と内情を投稿する人間はいないだろう。きっとXを見ている人は、エンタメと思って楽しんでるんだろうなと思っていた。Xにコメントをくれた皆さん、どうもありがとう。

『週刊ポスト』編集部の人が、藤かんなをインタビューしてくれることになった。小学館！」

「ええ！」

私のXが小学館にも注目されていたとは。数日後に『週刊ポスト』のインタビューを受けることになった。

両親に話せないことが増えていく

八月二十九日、東京へやって来た。小学館の一階の喫茶店で後藤さんと合流した。そこである女性と出会う。つばさ舞《まい》ちゃんだ。ＡＶ女優になって、他の女優と会うのはこれが初めてだった。つばさ舞ちゃんのことはもちろん知っていたが、一体どんな人だろうと、彼女の隣に座りながらとても緊張した。舞ちゃんは明るく気さくな人で、話しやすかった。私の会社バレのことや、親にはお互いまだＡＶのことがバレていないこと、舞ちゃんの家族の話、私の家族の話、なぜＡＶ女優になったのかなど、色々話した。初対面にしては重い話をしていたが、終始笑いが絶えなかった。同じ業界で同じように闘っている人と話せて、私は一人じゃないんだと思えた。

「二人は全く違うようやけど、根っこの部分が似てるねん」

私たちが話しているのを見ながら、後藤さんは言った。根っこのどういうところが似てるんだろう。聞こうとしたらインタビューの時間になり、舞ちゃんと別れ、小学館に向かった。

広い応接室に通されると、そこにはインタビュアーの河合さんと、以前グラビアの時にお世話になった、編集者の間宮さんがいた。

「藤さん、少し痩《や》せられましたか」

河合さんが言った。彼女とは面識があり、これまでに私のグラビアが『週刊ポスト』に載った時など、何度かインタビューをしてもらっていた。

「会社を辞めて寝る時間が増えたので、浮腫《むく》みがとれたのかもしれません」

そう笑って答えたが、河合さんも間宮さんも、私に気を遣ってくれているようだった。AVがバレて会社を辞めたなんて、確かに衝撃的かもしれない。でも会社を辞めることになったショックで、何も喉《のど》を通らないなんてことはなかった。そう思うと私は少し鈍いのかもしれない。

インタビューが始まった。上司に声をかけられてシラを切った時の心境。その後の職場生活。人事部との面談で泣いたこと。AV女優としてこれから思うことなどを話した。AVがバレて会社を辞めた経緯を語るのも、これが三回目。後藤さんに話し、Xでの投稿、そして今。おかげで整理ができていたのか、インタビューではすらすら話すことができた。もう当時のことを思い出して気持ちがしんどくなることはなかったが、改めて会社を辞めたことへの実感が湧いてきて、夏が終わる時のような寂しい気分になった。

私はいつも河合さんに泣かされる。彼女からのインタビューでは、過去毎回泣いている。なぜか。いつも終盤に両親のことを聞かれるからだ。この日のインタビューでも、最後にこう聞かれた。

「ご両親は、藤さんが会社を辞めたことを、ご存知ですか？」

もちろん両親は知らない。彼らは私の就職先が決まった時、安定した企業に勤めて自立してくれたと喜んでいた。きっと大きな企業に就職できたことを、誇らしくも思っているだろう。そんな両親をがっかりさせると思うと、言えなかった。

昔から両親とは仲が良かったと思う。十代の私の日記にはいつも両親のことが書かれていた。幼い頃、私の世界の全ては、両親であり、家族と過ごしている時間だった。

仕事帰りの父を車で迎えに行って、家族みんなで回転寿司を食べに行ったのが楽しかった。バレエの帰りに母が駅まで迎えに来てくれて、二人でこっそり大きなパフェを食べたのが嬉しかった。家族みんなでカラオケに行った。キャンプに行った。四国に旅行へ行った……。ちょっとしたイベントが私にとっては特別だった。両親のことが大好きだったし、両親は私を大切に育ててくれていた。

しかし私は決して育てやすい子ではなかったと思う。小中学生の頃はバレエに一所懸命になりすぎて、母の作るご飯を食べなくなった。母は心配して「食べなさい」と怒るが、言うことを全く聞かなかった。高校生になると父を意味なく遠ざけた。私を好きな気持ちを向けられれば向けられるほど、冷たくあしらい、時に返事すらしなかった。

それでも彼らはいつも私を見守ってくれていた。小学生の頃にもらった読書感想文の賞状や、中学生の頃にバレエコンクールで入選した時の賞状は、今も実家の壁に飾られている。高校のマラソン大会で入賞した時の写真や、私の成人式の写真も額に入れて飾られている。

両親は自分たちの全てを注いで育ててくれた。娘ながらにそう思う。彼らは「子育ては愉しかった」「あなたには、本当に楽しませてもらった」と、口を揃えて言うが、しんどいことのほうが多かったのではないだろうか。ようやく子育てから解放されたのだから、もう安心の日々を送ってほしい。私のせいでまた、心を乱さないでほしいのだ。

彼らにはしばらく嘘をつくことになるだろう。話せないことが増えていくだろう。でも本当のことを伝える覚悟ができるまで、何も知らずに待っていてほしい。いつか私のしてきたことを知っても、安心してもらえるだけの結果を残すから。もう少し知らないままでいてほしい。

両親のことを想いながら、河合さんの目を見て泣いていた。

この日のインタビューの内容は、九月十六日発売の『週刊ポスト』に掲載された。『週刊ポスト』のネット記事にも、三回に分けて配信された。私がXへ投稿した文章が、そのまま記事に引用されていて、自分の文章がメディアに取り上げられることへの感動を覚えた。

しかし、このインタビューのネット記事が、バレエ教室での身バレを引き起こすことになる――。

第四章

AVがバレエ教室にバレる

修羅場が幕を開ける

二〇二三年三月、AV女優としてデビューして、八カ月ほど経った頃、私が通っているバレエ教室で、普段と違う空気を感じ始めていた。先生が私に指導をしなくなり、一緒にレッスンを受けている他の生徒たちの話の輪にも入りづらくなった。

はじめは気のせいだと思っていた。先生はもともと細かい指導をする人ではなかったし、私は他の生徒たちの会話を、どちらかというといつも聞いている側だ。しかしまるでみんなから私が見えていないような、妙な疎外感《そがいかん》があった。

そんな時、明らかにおかしなことが起きた。月末に教室の先生から、翌月のレッスン指導のシフトを決める連絡がこなかったのだ。私はその教室でバレエ指導のアルバイトをしていて、毎月末には指導日のシフトを決める連絡がくることになっていた。

教室の運営者である理恵先生に、シフトについてLINEすると、こう返事がきた。

「ごめん。彩ちゃん忙しそうやったし、こっちで勝手に来月のシフト決めてしまってん」

翌月、私がバレエ指導をする日はなくなった——。もっと早くに連絡すべきだったなと、その時は、自分が連絡しなかったことを反省した。

それ以降も妙な疎外感は続いた。

ある日、四カ月後の発表会の話になった。男性ゲストダンサーを招いて、パドドゥをするとのことである。パドドゥとは主役の男女二人が踊る、バレエの演目の中で一番の見せ場の踊りのことだ。以前からそれを踊りたいと言っていた生徒がいたため、彼女が次の発表会でパドドゥを踊ることになった。彼女の名前は真紀さん。

しかし真紀さんは「仕事が忙しくなりそうだから、やっぱりやめる」と役を辞退した。真紀さんはよくレッスン中に、仕事が忙しいとイライラしていることがあった。パドドゥは男性と二人三脚で踊るため、一人で踊るより難易度は高く、練習時間も多く必要になる。さらに男性ダンサーをゲストとして招くため、費用もかかる。真紀さんの仕事が忙しいという理由は嘘ではないのだろうが、初めてのパドドゥにプレッシャーも感じていたのではないだろうか。ただ今回のパドドゥは、彼女のために企画されたようなものなのに、もったいない。

ところが、すでに男性ゲストは確保していた。理恵先生は、真紀さんの代わりにパドドゥをする生徒を探すことになった。私は過去にパドドゥをやったことがあり、もう一度したいと思っていたので、「やりたいです」と言おうかと思った。しかし最近の妙な空気感の中で、立候補することはできなかった。

理恵先生はもちろん私には一言も声をかけなかった。これまで一度もバドドゥをやったことのない年配の生徒に声をかけたり、トウシューズを履《は》き始めて間もない生徒に声をかけたり、あえて私のことは無視しているかのようだった。

結局、パドドゥをする候補が見つからず、理恵先生は新たな提案をした。

「パドドゥは難しいから、パドトロワにしようか」

パドトロワ（以下、トロワ）とは男性一名、女性二名で行う踊りだ。女性が二人いる分、一人当たりの踊りの負担は少し軽くなる。先生の提案を聞いた真紀さんが言った。

「トロワやったらやりたいわ」

真紀さんは仕事が忙しいと言ってパドドゥを辞退したのに、少し簡単な踊りになったらやりたいと言い出した。やっぱりパドドゥする勇気がなかっただけじゃないかと、彼女の身勝手さに腹が立った。そして彼女を快くトロワ役にした理恵先生にも腹が立った。こうして発表会の配役は、私には声がかからずに次々に決まっていった。

五月二十一日、理恵先生からＬＩＮＥがきた。私は不定期に理恵先生の教室を借りて、バレエのパーソナルレッスンをしていた。そのことについてのＬＩＮＥだった。

「彩ちゃん、明日、教室使うやんか。どんな生徒さんにレッスンするのか教えてもらっても良い？」

そんなことを聞かれたのは初めてだった。

「知り合いのジムの経営者です」

しばらく返事はこなかった。そして数時間後、修羅場《しゅらば》が幕を開ける。

「彩ちゃんがバレエの先生を目指すのは応援してたし、協力してたつもりやったけど、色々知ってしまってショックなのと、とても戸惑っています。今回お教室使ってもらうのは、前から聞いていたことなので、使ってもらって大丈夫ですが、レッスン前に少しお話ししたいです」

ついにきた。

これまで感じていた妙な疎外感に合点《がてん》がいった。理恵先生をはじめ、私を避けていた人たちは、私がAV女優だということを知っていたのだろう。

約一年前、会社でAVがバレて上司に呼び出された時のことを思い出した。鈍器で心臓をドン、ドンと叩かれる感じがした。バレエ教室にバレたって、社会的肩書きが大きく変わるわけでもないし、さほど動揺しないだろうと思っていたが、ものすごく動揺した。

「あーあ、つらっ」

スマホを見つめながら、大きな独り言を言った。こういう時、思っていることをあえて口に出してみると、少し気が楽になるのだ。話し合いは明日の夜。ひとまず後藤さんにＬＩＮＥをした。

「バレエ教室にＡＶのことがバレたみたいです。先生から話をしたいと言われたので、明日行ってきます」

「了解。どうやってＡＶのこと知ったのか聞いておこう」

後藤さんの返事はすぐにきた。特に驚く様子も心配する様子もなかった。でもおかげで萎《な》える気持ちが少しシャキッとした。

理恵先生からはおそらく、教室でのバレエの指導はやめてくれと言われるのだろう。もうレッスンを受けに来ないでくれとも言われるだろうか。しかしこちらは月謝を払ってレッスンに通っているのだ。出禁にまではされないかな。案外「ＡＶ女優やってるなんて、びっくりしたわ」と笑い飛ばしてくれたりしないだろうか。そこからＡＶの話で盛り上がったり……しないだろうな。

ＡＶ女優をやってることを色々言われるのは勘弁してほしい。でも理恵先生はその勘弁してほしいことをしそうな人なのだ。その日の夜は頭が冴《さ》えてしまって、眠れなかった。

「バレエをAVに使ってほしくない」

翌日、五月二十二日、午後七時。教室へ行くとそこには理恵先生だけでなく、彼女と仲の良い教室の生徒、紹子さんもいた。

なんで二対一やねん。

少し予想はしていたが、一対一で話し合おうとしてくれなかったことに腹が立った。彼女たちの前に座ると、理恵先生は開口一番こう言った。

「何か、言いたいこと、ある?」

それを聞いた瞬間、がっかりした。先生はもう話し合うつもりなどないではないか。言いたいことがあんのはそっちなんちゃうん。それに何なんその目。斜めから、まるで汚いものでも見るような蔑《さげす》む目。感情バシバシ顔に出てるで。ブサイクな顔。そう心の中で唾《つば》を吐いた。

「えーっと、そうですね……」

相槌《あいづち》を打ちながら七秒数えた。落ち着け落ち着け。気持ちを鎮《しず》めなくては。

「お教室に知らない人から電話がかかってくるとか、ありましたか？　もしそうなら、すみませんでした。あと、仕事のことを黙っていて、すみませんでした」

　私はなんで謝ってんねやろう。何か謝るようなことしただろうか。本当は「ＡＶ女優が教室におられると嫌なんやろ。バレエの指導をされると困るんやろ。何か言いたいことあるも何も、言いたいことがあんのはそっちやろ」と啖呵《たんか》を切ってやりたかった。しかし現実は二人の前で頭を下げていた。

　理恵先生が言った。

「今のところ、電話がかかってくるとかはないけどさ……。他人が何するのも自由やし、人の仕事をとやかく言うつもりはないけど、彩ちゃんの仕事のことを、よく思わない人が大半やと思うねん。特に年配の人とか嫌やと思う。だから、この教室で指導してもらってるのはやめてもらって……」

　この話し合いは重苦しくなりそうだ。外から聞こえる救急車の音がやけに耳に付く。

「彩ちゃんは自分がどんなことしてるのか、分かってないんちゃう？　なんか麻痺《まひ》してるんちゃうかな。彩ちゃんのファンは、そら、良いことしか言わへんよ。でもそれってごく一部の人やん。世の中のほとんどの人は、そうじゃないってこと分かってるん？　それに将来のこともさ。結婚は諦《あきら》めたん？　まだ結婚できない歳ではないやん。それやのになんでやろうって思うわ」

結婚？　思わず聞き返してしまいそうだった。今この場で結婚が関係あるだろうか。そもそも結婚はそんなに大事だろうか。きっと彼女にとっては大事なものなのだろう。AVに出たら結婚なんてできない。結婚も全て諦めて自暴自棄《じぼうじき》になったから、私はAV女優になったと思っているのだろう。

「バレエ教室開くにしても、そんな仕事をしてることがバレたらどうなるかって、考えたことなかったん？　バレエを変なことに使って。バレエしてる人からしたら、そんなことに使ってほしくないと思うし、彩ちゃんにバレエ教えてきた先生だって、ショックだと思うよ。そういうことも考えへんかったん？」

「バレエをAVに使ってほしくない」だなんて、彼女はバレエの創始者なのだろうか。あなたがバレエを思う気持ちが強いのは分かるが、私だってバレエを大切に思っている。AVでバレエを使ったら冒瀆《ぼうとく》になるの？　先生は志村けんの白鳥を観て笑わんかったんやな。

理恵先生が自分の言いたいことを一方的に私にぶつけていると、今度は隣に座っていた紹子さんが話し始めた。

「彩ちゃんはさ、勉強もできて、バレエも上手で、顔も可愛くって。きっとこれまで蔑まれることなんてなくて、みんなにすごいねって言われてきたと思うんだよね。でもだからこそ、なんでだったのかなって思う。これ以上何がほしかったのかなって。仕事だってあんな大きくて良い会社勤めて、それ辞めてまでなんでって……不思議だよ」

確かに私は恵まれている。会社だって「大きくて良い会社」だった。でも紹子さんは、私の何を知っているのだろう。どんな思いでバレエをして、高校、大学を過ごして、どんな思いを抱えながら毎日会社へ行って働いてって。何も知らないじゃないか。しかしそれもそうだ。私は何も話していないもの。

恵まれている、全てに満ち足りている——そんな風に決めつけないでほしい。私には私の闘いがあった。高校では、自分より勉強のできる人がたくさんいた。バレエのコンクールでは、自分より上手な子が山ほどいた。テストの成績が良くても、舞台で良い役をもらえても、褒められることなんてなかった。私より優れている子はたくさんいたのだから。そんな中でも、頑張って一番になりたかった。でもいつも一番には届かなくて、望んだ結果は残せなくて。それが悔しくてたまらなかった。

昔のことを思い出しながら、紹子さんに言った。

「確かに恵まれた環境で育ってきました。でも何も結果を残すことができなかったから、ずっと自分に自信がなかったように思います。結果を残して認められたい気持ちがずっとありました」

思っていたことの一割も伝えられなかった。伝えようという気もなかった。彼女たちは私の思いが聞きたいわけではない気がしたからだ。きっと自分たちの言いたいことだけを、ただぶつけたいのだ。

理恵先生が言った。

「それでもさ、お母さんは『賢いね』とか『上手だね』って褒めてくれたんちゃうん?」

返事はしなかった。確かに母はいつも褒めてくれた。味方でいてくれた。でもそんな母に私は……さらに昔のことを思い出していた。

私は四歳の頃、友人のバレエの発表会を見て「わたしもやりたい」と言ったらしい。それがきっかけでバレエを始めた。当時の体型は縦にも横にも大きく、どちらかというとぽっちゃりしていた。決してバレエ向きの体ではなかったが、踊ることが楽しくてバレエに夢中になった。両親も楽しそうにバレエをする私を、温かく見守っていてくれた。

小学三年生の頃、急に背が伸びた。それと同時に体が細くなった。横に大きかった分が縦に伸びた。その時のバレエの先生は「最近、急にキレイになったわね」と褒めた。先輩や友人からも綺麗になったと褒められた。そしてある先輩のお母さんが言った一言が、私の中の何かのスイッチを押した。

「もっと痩《や》せたら、もっと綺麗になるでしょうね」

そのお母さんはバレエ経験者で、娘のバレエにも厳しい人だった。

母との闘いの日々が始まった

それから私は朝食のパンと、夕食の米を半分減らした。週に二、三回、ランニングも始めた。体はさらに細くなり、先生はますます私を褒めた。

痩せればもっと褒められる。でも太れば褒めてもらえなくなる。そう思うようになり、徐々に朝食のパンと、夕食の米を食べなくなった。学校給食のパンも全て残すようになった。ランニングは日課になり、バレエのレッスンがあった日も、夜遅くまで家の近くの公園の周囲をぐるぐる走った。

両親にお願いして、レッスン日も増やしてもらった。先生は私をコンクールに出場させ、発表会でも主役を踊らせてくれた。練習量はどんどん増えていった。食事量は減り、運動量は増えていく。私はますます痩せていった。

両親は心配した。母には「食べないならバレエをやめなさい」と何度も怒られた。バレエはやめたくないが、食べるのは怖い。だって太ったら先生に褒められなくなる。母との闘いの日々が始まった。

母が出したご飯を、ティッシュに包んでこっそり捨てた。ビニール袋に入れて、公園に捨てにいくこともあった。飼っている犬に食べさせたり、トイレに流したりもした。そして毎晩、取り憑《つ》かれたようにランニングをした。雨が降って外を走れない時は、家の階段を何往復もした。私が夜遅く走りに行こうとすると、母は「暗くて危ないから、やめなさい」と止めたが、一切、言うことを聞かなかった。母はどうしても外を走りに行こうとする私を、放っておくこともできず、犬の散歩をしながらランニングに付き合ってくれた。暑い日も寒い日も、一度も欠かさずに。私が痩せるのと比例して、母はどんどん疲れていった。

ある日ゴミ箱から、ティッシュに包まれてカチカチに固まった、米の塊《かたまり》が出てきた。私がこっそり捨てたご飯だった。

「お母さんに、自殺させたいんか」

母はティッシュの塊を見ながら、震える声で言った。そしてその塊を私に投げつけ、玄関へ向かっていった。母は家を出て行こうとしたのだ。私は彼女の腕にしがみついた。振り払われても何度も何度もしがみついた。

「出ていかんとって。お願いやから。ごめん。ほんまにごめん。出ていかんとって」

こんな時でも「ご飯を食べる」とは言えなかった。ただこの時初めて、取り返しのつかないことをしてしまった、と自覚した。母は玄関にしゃがみ込み、頭を抱えて泣いた。喉元に刃物を突きつけられたような恐怖を感じた。

この日以降、家族の仲はギクシャクし始めた。仕事から帰った父はイライラして、母と口喧嘩するようになった。夜遅く走りに行こうとする私を、母が止めて、その様子を見ていた父が、「こいつ頭がおかしなった。ほっとけ」と言ったことがあった。家で父とのすれ違いざまに「邪魔やねん、どけ」と言われたこともあった。当時の私は、もう父には完全に見放されたのだと感じた。しかしあの時、父は四十代後半。もしかすると仕事が大変で、余裕をなくしていたのかもしれない。事実、父は毎日、私が寝た後に家に帰り、私が起きる前に出勤していた。

私には四つ年上の兄がいる。その頃、兄は高校一年生で、勉強や部活に忙しく、家ではいつも不機嫌そうだった。彼は家族の誰とも話さなくなり、もちろん私には無関心だった。だがある日の夜、私が母の見ていない隙《すき》にランニングに行って、家に帰ると、玄関に兄が立っていた。

「お前、いい加減にしろよ」

彼はそう言って、私のことを睨《にら》んでいた。

母は泣き、父は荒れ、兄はそっぽを向いた。元凶はきっと私。私が家族を壊してしまった。世界が萎《しぼ》んでいくような恐怖心は、日ごとに増していった。それでも食べることはできないままだった。

中学二年生の頃、忘れられない出来事が起きた。バレエの全国コンクールに出場した時のこと。一緒に出場した友人は、みんな予選を通過したが、私はひとり落選……。ホワイトボードに貼り付けられた予選通過者の紙をずっと眺めていた。隣にいた母は黙って肩を抱いてくれた。涙は出なかった。もう自分でも分かっていたのだ。

痩せ過ぎている――。

将来は世界で活躍するバレリーナになるのが夢だった。しかしその夢は、夢のままで終わるのだろう。国内のコンクールで成績を残せないレベルでは、世界になんて行けるはずがない。そういえば、最近は踊っていてもあまり楽しくない。大好きだったはずのバレエに、ときめかなくなった。バレエのせいで、大好きな家族を傷つけボロボロにした。食べれば良い。それをすれば全て解決すると、分かっているのに、そんな簡単で当たり前のことが、怖くてできない……。

コンクールで落選してからも、毎日レッスンに行った。先生は次のコンクールに向けて、指導に力を入れてくれたが、以前のように気力が湧いてこなかった。私自身、疲れ切ってしまったのかもしれない。

それから私たち家族の状況は、ますます悪くなっていった。父が単身赴任で福岡に行くことになった。兄は高校三年生になり大学受験期に入った。母は、相変わらずご飯を食べない私と、受験前でイライラしている兄の二人を、一人で抱えることになった。母は笑わなくなり、いつも切羽詰《せっぱつ》まっている感じがした。

そんな状況は三年くらい続いた。しかし私が高校生になってから、色んなものが少しずつ変わり始めた。高校に入学したと同時に、ずっと通ってきたバレエ教室をやめたのだ。理由は、勉強に専念するから。世界で活躍するバレリーナになれないと分かったあの時から、バレエ以外の違う将来を考え始めていた。父はバレエにのめり込んでいる私に、よく言った。

「バレエを頑張るのはもちろん良い。けど、大学は行け。お前は勉強ができるんや。せっかくたくさん持ってる選択肢を、今、一つに絞る必要はない。バレエは大学に行ってもできる」

その時は、結局お父さんも学歴が大事と思ってるんや、と思ったが、今はそうではないことが分かる。父は、私が勉強をできる環境と能力を持っていることを、教えてくれていたのだろう。

高校一年生の春、体育の授業で長距離走のタイム測定があった。私はそこで陸上部員の次に速い、クラスで二番目のタイムを出した。体も細かったし、毎晩ランニングをした賜《たま》物《もの》だろう。「彩ちゃん、なんでそんなに速いん」と、クラスの女の子たちに、もてはやされていると、体育教師が私に話しかけてきた。彼は陸上部の顧問だった。

「お前、なんで陸上部入ってへんねん。今日から陸上部に入れ」

驚いたが、嬉しかった。バレエをやめてから何に対しても気力が湧かなかった。だがこの時、体の細胞が膨れ上がっていく感じがした。そして初めて、部活というものに入った。

中学の頃は、バレエばかりの毎日で部活に入っていなかったのだ。

陸上部で過ごした三年間は、本当に楽しかった。個人競技だが、みんなが同じ方向を向いて、一所懸命になっている。苦しくてしんどい時も、応援してくれる仲間がいる。陸上部に入って初めて「仲間」というものを知った。

ウォームアップのジョギングをしながら、「お前、屁こいたやろ」と大騒ぎになり、みんなと馬鹿みたいに笑い続けた。夏の練習中、水道に頭を突っ込んで体を冷やし、最終的にはみんなで水遊びをした。引退前の駅伝大会、予選で負けてしまって、メンバーと電車の中で大泣きした。

真っ黒になっていく肌、Tシャツからの汗の匂い、友達と恋バナをしながら歩いた帰り道。こんな自由な楽しさがあって良いのか、と怖いくらいだった。そしてこの時間がずっと続けば良いのに、と何度も思った。

陸上部に入り、私はご飯を食べられるようになった。母は思春期の子供を二人抱え、大変そうながらも、少しずつ元気になっていった。そして高校三年生の春、体重は中学二年の時から十キロ近く増え、私はずっと迎えていなかった初潮《しょちょう》をようやく迎えた。父は単身赴任から帰ってきたが、大学生の兄は実家を出て一人暮らしをしていた。家族の物理的な距離は戻らなかったけれど、ギクシャクした仲は少しだけマシになったように思う。

　このしんどかった時期のことは、この日、理恵先生と話をするまで忘れていた。思い出したくないくらい、私にとっては辛《つら》い記憶だったのだ。だが誰でも辛い過去は、いくつか持っているだろう。もっと辛い過去を持っている人もいるだろう。自分の過去が特別苦しかったと思わないが、「恵まれている」と言われる私にも、人並みに辛い時期はあったのだ。でも、この話は二人にはしなかった。今の彼女たちは、私の過去なんて聞きたくないだろう。

「そっちの世界」と「こっちの世界」

　それからも彼女たちはよく喋《しゃべ》った。反論したいことはあったが、ひとまず全て聞くことにした。

　理恵先生が言う。

「彩ちゃんは何がしたいのかなって思うよ。本当に自分の教室を開きたいなら、今の仕事は必要じゃないでしょ。その仕事って普通に生きていくのを邪魔してるよね。認められたいっていうけど、前に舞台で主役を踊ってもらったのは、彩ちゃんが良い踊りしてくれるって分かってたからやし……」

「良い踊りをしてくれる」なんて、今さら思い出したように言わんとってや。

紹子さんが言う。

「そっちの世界で頑張れば頑張るほど、こっちの世界で生きにくくなるんじゃないの。そっちでの頑張りがこっちに繫がれば良いけどさ。彩ちゃんの踊りをすごいな、好きだなって言ってる人はいるよ。私の娘は、彩ちゃんの踊りがすごく好きだって言ってる。でもだから、彩ちゃんがこんな仕事してることは、娘には言えない。それに彩ちゃんはそんな仕事しなくても、バレエでやっていけたと思うけどな。彩ちゃんの踊りを見て、彩ちゃんにバレエを習いたいって思う子はいると思うよ。なのに、そんな仕事してることがバレたら、その子たちを裏切ることになるんじゃないかな」

「そっちの世界」「こっちの世界」って、まるであの世とこの世みたいやな。AVはそんなにこの世のものではないのだろうか。少なくとも紹子さんからしたら、あまりにもかけ離れた世界なのだろう。それに「そんな仕事」「こんな仕事」と耳に障《さわ》る。AV女優って言えば良いやん。その言葉自体が卑猥《ひわい》で言えないのだろうが。

私がAV女優をやったら、私の踊りを好きな人を裏切る。そうみんなが思っているのだろうか。思う人もいるかもしれない。ただ、そんな憶測の意見を、公然の意見のように言うのはやめてほしい。別に紹子さんの娘をAVに勧誘したわけでもないし、舞台でいきなり裸になって踊り出したわけでもないやん。でもこれがAVに対するイメージであり、現状なのだ。

「なんでそんな仕事やろうと思ったん。借金があったとかじゃないんやろ？」

理恵先生の目が、意地悪そうな目に見えてくる。私も言われてばかりで苦しくなってきた。

「今のままで終わりたくないと思って、自分の強みを活かせる場所を探した結果、AVに行き着きました」

先生はふーんという顔をしていた。その答えには興味がなかったようだ。そもそもAV女優になった理由なんて本当に聞きたかったのだろうか。AV女優になるまでの、不安や葛藤《かっとう》をもっと熱く話せば、「そんなに熱い覚悟を持ってるなら、これ以上とやかく言うのはやめるわ。頑張りや」などと言ってもらえただろうか。おそらくそんなことはなかっただろう。応援してもらいたいと思うのも私のエゴなのだ。

八年間この教室に通ってきたが、彼女たちと上辺《うわべ》でしか付き合っていなかったな、と反省した。私は話してないことが多すぎたし、伝えていないことが多すぎた。だからいつも教室で浮いている感じがしていたんだ。

紹子さんが言った。

「彩ちゃんの仕事を、知ってる友達はいるの？　彩ちゃんはどんどん人に嘘つくことになるじゃん。仕事何してるんですかって聞かれても、本当のこと言えないでしょ。そうやってどんどん孤独になっていくんじゃないの？」

おっしゃる通り、孤独になっていくだろう。しかしそれはこの教室でも、すでにそうだった。ＡＶ女優であることがバレる前も、なんとなくいつも仲間外れになるのを感じていた。私だけがいないＬＩＮＥグループがあるのを知っていたし、私だけが呼ばれない飲み会があるのも知っていた。でも気付いていないふりをしていた。「彩ちゃんは独りが好きそう」「彩ちゃんは悩みとかなさそう」と言われるのは常だった。そんなわけない。私はそう言われるのが嫌だった。しかし否定することもなく「そんなことないですよ」と、ヘラヘラ笑っている自分もまた、嫌いだった。

私は二年前から、真紀さんに無視をされていた。そのことを教室のみんなは気付いていた。でもなんで誰も助けてくれなかった？　なんで二年間も見て見ぬふりしていた？　いじめっ子は受け入れられて、ＡＶ女優は受け入れられないってなんで？　良い大人が集まって、なんでそんなことすんの？　「孤独にさせてきたんそっちゃん」と、怒鳴り散らしてやりたかった。

理恵先生が言った。

「前に私たちには、仕事のことを、ちょっと露出のあるモデルやってるって言ってたやん。正直に本当のことは言えなかったってことは、人に言えない仕事してるって認識があったんやんな」

本当のことを言えなかったのは反省しているが、AV女優してますって言う必要はあっただろうか。言ったらみんなは受け入れてくれただろうか。

「この仕事してることを後悔はしてないの？」

紹子さんが続けて言う。AVを無理矢理やらされてるとか、一時の気まぐれでAV女優になったと思っているのだろう。後悔なんてするはずないし、したくもない。生半可《なまはんか》な覚悟でこの世界に飛び込んだわけじゃない。本気なんや。

「オブラートに包んでない言い方すると、何やってんねんって思うよ」

理恵先生、その汚いものを見る目やめてや。「人の仕事をとやかく言うつもりはない」って言ってたやん。だいぶとやかく言ってるで。親でもないあなたに「何やってんねん」

ってなんで言われなあかんねん。

話し合い、というか、説教が始まって二時間が経とうとしている。彼女たちは言いたいことがなくなってきたのか、徐々に静かになった。二人が言いたいことを探している隙に、私は聞いた。

「AV女優だってことはどうやって知ったんですか？」

「美衣子ちゃんが、彩ちゃんが会社辞めた時のネット記事を見つけてん。それで教えてくれた。三カ月前くらいやったかな……」

美衣子ちゃんとは、この教室の生徒だ。

三カ月間も、よく知らんぷりできたな。と少し呆気《あっけ》に取られた。ちなみに美衣子さんと私は、仲が良かった。私が一方的に、仲が良いと思っていただけだったのかもしれないが。しかし彼女はなぜ一番に私に言ってくれなかったのだろう。会社にAVがバレた時だってそうだ。なぜみんなは直接私に言ってくれないのか。

「まだ教室のみんなは、彩ちゃんの仕事のこと知らんよ」

ほんならなんで紹子さんがここにおるねん。きっとこの時、理恵先生を睨んでしまっただろう。彼女は続けて言った。

「レッスン受けるのは自由やから、別にこれからも来てくれて良いけど」

誰が行くか！

二十一時少し前、話し合いは終わった。

紹子さんは去り際《ぎわ》、「もうこんな経験したくないわ。知り合いがAV女優だったなんて経験、何にも活かせないもんね」と言って笑っていた。AV女優やることは、そんなにもみんなを不快にさせるのか。彼女の言葉に心が曇《くも》った。

私はこの日、二十一時から、バレエのパーソナルレッスンをする予定だったため、そのまま教室に残った。この教室での最後の指導である。

「どうも、よろしくお願いします」

勢いよく扉が開き、一人の女性が教室に入ってきた。レッスンを受けに来た、ジムの経営者である。レッスンを始める前に彼女に伝えた。

「すみません。今日限りでこの教室が使えなくなるんです。他のレンタルスタジオ探しますので、よければバレエのレッスンは続けて受けてください」

「そうなんや。じゃあうちのジムでバレエ教室作ろうか」

彼女は笑っていた。私も「良いですね」と笑ったが、彼女は、私がAV女優だとは知らない。そのことを伝えるべきか否かを悩んだまま、レッスンは終わった。

AVは精度の高いリトマス試験紙

二十三時頃、家に帰った。

「ただいま」

誰もいない部屋にぼそりと呟《つぶや》いた。電気をつけて、テレビとラジオをつけた。部屋に音を満たして気分を紛《まぎ》らわせたかったのだ。後藤さんに報告しておこうと、風呂を沸かしながら、LINEを打った。

「バレエの指導もバレエ教室もやめることになりました。AVがバレた原因は会社辞めた時のネット記事でした。同じ教室の生徒さんが三カ月前に気付いたようです」

一年前に会社バレしたネット記事のせいで、今度はバレエ教室にバレることになるとは、と複雑な気分だった。

「でも今日、私のレッスンを受けてくれた人が『一緒にバレエ教室作ろう』って言ってくれました。失うものがあれば得るものがあるって本当ですね」

改めて報告すると、また心が曇ってきた。そろそろ風呂に入ろうとした頃、後藤さんから電話がかかってきた。

「世の中はさ――」

彼はいつも電話口で「もしもし」と言わない。

「結局、正と負で成り立ってるんよね。何かが一つなくなったら、何かが一つやってくる。そういう風にできてるねん。正と負の法則というか原因と結果というか、結局そういうことなんよ。人生にはプラスもマイナスもなくて、それを決めてるのは自分なんよね。失ったものにばっかり目をやって『もう人生終わりや。私はなんでこんなに可哀想なんや』なんて言い続ける奴いるけど、正と負が均衡してることに気付いてないねん」

私は黙って聞いていた。

「全ては考え方。藤かんなは最近、文章を書き始めたけど、それはプラスにもマイナスにも書けるやん。AV女優になって不安でしんどくて、会社も辞めることになって、バレエもやめることになってって、全部マイナスに書ける」

後藤さんは二カ月ほど前に、突然「藤かんなの今までの経緯を、文章にしておくのはどうだろう。いつか本にするために」と、LINEを送ってきた。そこから私はnote（文章などをブログのように発信できるウェブサイト）に文章を書き溜《た》め、逐一《ちくいち》、後藤さんに読んでもらっていた。

「でもあなたの文章は全てをプラスに書いてきたやろ。物事って考え方、書き方次第でどっちにも取れるねん。藤かんなは文章を書く能力を持ってるって分かったから、俺は『書き続けろ』って言った。あなたは書ける。書くことで、物事をプラスにできる。それは武器やし、頭の良さやと思う」

やはり彼は、私は大丈夫、と思わせてくれる人だ。そして気持ちを晴らしてくれる力がある。

その後、バレエの先生たちとの会話の内容を彼に全て伝えた。バレエをそんなことに使わんとってほしい。なんでそんな仕事してるの。バレエを教えてる人への裏切りやで。頭が良くてバレエも上手で可愛くて、良い会社勤めてたのに、一体何がしたいの。もう結婚は諦めたん。知り合いがAV女優だったなんて経験、何にも活かせないわ——。

後藤さんは黙っていた。でも、電話越しに、怒っていることがはっきりと分かった。彼は憤慨《ふんがい》していた。却《かえ》って私が冷静になってしまうくらいに。映画館で、自分より泣いている人が横に座っていると、自分の涙が引っ込んでしまうのと同じだ。

「バレエを教えてる人への裏切り？　AVなんかして一体何がしたいの？　お前らの価値

観を押しつけんなよ。お前らは藤かんなの何を知ってるねん。結婚は諦めたの？　ってどういうこと。しょうもな。結婚なんて、人間の作ったただのルールやで。その人たちはそのルールの中でしか、生きられへんねやろな。こんな経験は何にも活かせないってのも、ただの逃げ。知り合いがAV女優だったっていう事実から、目を背《そむ》けてるだけやん。だってそのほうが楽やもん。その人たちは未来を見れてないよね。AVやったって人生終わらへんねん。来世も来来世もあるんやから。というか精一杯生きることに、AVしてるしてないなんて、関係ないねん」

私は笑った。声をあげて笑った。後藤さんがはっきりと怒ってくれることで、理恵先生と紹子さんに何も言えず、もやもやしていた気持ちが吹き飛んだ。

AV女優をすることで、人を不快にさせるんだ。そんなこと考える必要ない。私はこの世界に入って、前よりずっと自分に自信が持てるようになったじゃないか。不器用でも、もがいて生きている自分を、好きになれるようになってきたじゃないか。人がどう思うなんて関係ない。だって最後の最後に自分を助けてくれるのは、自分でしかないんだから。

「でも今日は良かったよ。ほんまに良かった。八年間あなたを縛り付けていた犯人、見つけたやん。犯人とはちょっと違うかも知らんけど、なんやろな『犯人見つけた！』としか言われへん」

後藤さんは、理恵先生と紹子さんのことを「犯人」と言った。

「ＡＶって、精度の高いリトマス試験紙やねん。その人が自分にとってどういう人か、瞬時に分かる。バレエの先生たちは結局、あなたのことを見てなかってん。ＡＶ女優って仕事だけで判断した。教室で無視されてたのだって、結局あなたを大切にしてなかったやん。よくそんな教室に八年もいたな。あなたも悪いで」

後藤さんが「ＡＶは精度の高いリトマス試験紙」と言った言葉は心に強く残った。ほんまにそうやな、と納得した。

でも、理恵先生や、教室のみんなに対しては、私も悪かったと思う。八年も通っていたのに、上辺だけの付き合いしかしていなかった。ＡＶ女優であることだって正直に言えなかったのだから。私自身、教室のみんなのことを大切にしていなかったのかもしれない。思い返すと、小さな嘘をいくつかついていた。例えば、自分の血液型はA型なのに、AB型だと嘘をついていた。

理恵先生は血液型で、性格や相性を判断するのが好きで、レッスン中にもよくその話題になった。ちなみに理恵先生はB型。教室の生徒もB型が多かった。

「A型とはどうも合わへんねんな。A型の人って細かいやん。しんどいねん。B型ってみんなサバサバしてるから、付き合いやすいよね」

そう言う彼女と目が合った。

「彩ちゃんはAB型やろ。なんか変やもんな」

私はヘラヘラ笑って、「私ってAB型ぽいですよね」と言った。「A型とは合わへんねん」と言われた直後に、「いえ、私はA型です」という勇気はなかった。本当は家族全員A型の、血統書付きなのに。

AV女優であることを受け入れてもらえなかったのも、自業自得なのだろう。八年間も一緒にいたのに、きちんと向き合えていなかったのだから。

電話口で後藤さんが言った。

「経験は財産やねん。いっぱい経験して、いっぱい失敗することで、物事を判断する精度を上げていく。それの繰り返し。俺は今、その精度を上げるために色々な経験をしてるねん。『後藤さんは未来が見えてますよね』とか『物事の本質を分かってますよね』とか言われるけど、ちゃうねん。俺は人一倍、失敗してるし、そのたびにどう改善したら良いかを、真剣に考えてきた。その繰り返しを、本気でやり続けてきただけ。未来なんて統計と確率の問題やで。俺はそれを解くための経験値が、結構ある。今日の藤かんなの経験も、俺の経験になる。これまでたくさんの女優を見てきた。だから未来がこの先どうなるかは、なんとなく予想できる」

未来は統計と確率の問題。ただの数学じゃないか。そういえば昔、高校の数学の先生がこんな話をした。

「数学は暗記や。ヒラメキなんかじゃない。僕の仕事は、お前たち学生に、数学を解くためのナイフとフォークを与えて、その使い方を教えることなんですよ。あとはもうお前ら次第や。上手にナイフとフォークが使えるようになるまで、何回も練習しろ。同じ問題を、何回も解いて暗記しろ。数学はそれを繰り返すだけ。単純でしょ」

それを言われて、なんだ暗記すれば解けるんだ、と数学との距離感が縮まった。黙々と練習することが得意だった私は、先生に言われた通り、何度も同じ問題を解き続けた。抜群に数学が得意になったわけではないが、私はある程度の数学の問題なら解ける、という自信がついた。

高校時代に繰り返してきたことを、今も繰り返すだけなのだ。後藤さんの話を聞いて、生きることが少しだけシンプルに思えた。

「つばさ舞《まい》が最近、地上波のテレビに出た。そこで弟に、AV女優であることを告白してん。彼女はきっといつか、両親にもバレるよ。でもこうして、自分を地上波にまでさらけ出したってことが、次の仕事に繋がったりする。葵《あおい》つかさも同じ。彼女なんてそういう闘いを、何回も繰り返してきたから、十年以上もAV女優でいられて、ここまで大きな存在になれた。藤かんなは書くねん。あなたは書けるから。これはあなたの武器やから。今回の出来事もXに書き。この経験は全て藤かんなの闘いやから。Xに書いて、いつかnoteでも書くねん。それをし続けることで絶対、何かに繋がる。藤かんなのゴールはAV女優じゃない。AVを利用して、さらに高みへ行く。絶対行ける。絶対幸せになる。本気で闘い続けたら、絶対勝つ」

「はい、分かりました」と返事をして、電話は終わった。スマホを当てていた耳が、痛くなっていた。

AV女優をやったからって人生は終わらない。来世も来来世もある。闘い続けたら、絶対幸せになる。私はこの日、一つの「犯人」を断ち切った。これできっと新しい世界が開ける。何かを失ったら、何かを得るのだから。

翌日、バレエ教室をやめた喪失感や、AVがバレたことへの不安は少しもなかった。早速、昨日のことを書き残そうと、パソコンに向かっていた。

この時はまだ、もっと大きな出来事が待ち構えているとは、知る由《よし》もなかった。

SNS炎上、三十九度の熱

六月二十六日。バレエ教室をやめて、約一カ月が経っていた。私は昨晩から三十九度の熱を出している。原因はコロナでもインフルエンザでもなく溶連菌《ようれんきん》。二日前にAVの撮影があったため、少し頑張りすぎたようだ。そしてスマホは朝からずっと鳴っている。全てXからの通知。どうやらバズっているようだ。良く言うとバズる。悪く言うと炎上。

二週間前から、バレエ教室にAVがバレた出来事を、Xに書き始めていた。後藤さんの提案通り、あたかも今起きているかのように。

昨日、「ついにバレエの先生と話し合う時が来た」とポストした。その日の夜からXが普段と違う盛り上がり方をしていた。今朝、再度ポストを確認すると、横断歩道と自転車しか写ってない写真に、一万を超える「いいね」と、二千万を超える閲覧《えつらん》数。Xがバグったのかと思った。

コメント数も約六百個。

〈悪いことしてるんじゃないし、堂々と！〉

〈AV女優だからってなんで先生はショック受けるの？〉

〈しっかり話し合えば理解してもらえるのでは〉

〈バレエはやめないで！　ファイト！〉

応援コメントもたくさんあるが、中には棘《とげ》のあるコメントもあった。

〈AV女優が先生だなんて嫌悪感と吐き気でしかない〉

〈風俗嬢が営業用アカウントで昼職の紹介をしてるようなもの〉

〈AV女優に子ども預ける親なんていないでしょ。阪大卒なのにそんなのも分からないの？〉

なんだかいつもとコメントの雰囲気が違うな。これってもしかして炎上ってやつなのかな。熱で頭がぼんやりする中、スマホの画面を見つめていると、後藤さんから電話がかかってきた。

「なんかX、すごいことになってるね」

やはりXのバグではなかったのね。

「今、色んな出版社から連絡きてるねん。藤かんなのnoteを読んでくれたらしくって、本にしましょうって、オファーが来てる」

これは夢か現《うつつ》か……。

「今からオファーくれた出版社の人に会って、話してくるわ。こうして色んな人がｎｏｔｅ読んでくれたのも、Ｘがバズったからやろな。ちょうどｎｏｔｅを公開した時期と炎上が重なってって、すごいタイミングが良いよね」

バレエ教室をやめた直後、書き貯めていたｎｏｔｅを公開し始めていた。私がＡＶ事務所の面接へ行き、メーカーの専属女優になるまでの話である。そしてＸでは、バレエ教室にＡＶがバレたことを投稿し始め、今、炎上している。その炎上が出版社の目に留まり、ｎｏｔｅの内容を書籍にしようと、声をかけられた。上手く繋がっているというか、導かれているというか……。炎上様様だな。

でもやっぱり、私のＸは炎上してるんや。そう思い、しばらく寝ることにした。スマホはリポストされた通知や、コメントがきている通知で、ピロピロ鳴っていたが、それよりも体がだるかった。

昼頃、電話の着信音で目が覚めた。後藤さんからだった。

「藤かんなの本を出す出版社、決めたわ」

ベッドから体を起こし、水を飲みながら、「ありがとうございます」と返事をした。未だに信じられなくて、なんと言って良いか分からなかった。

「編集の人な、あなたの人間性や魅力を、しっかり理解できる人やった。内側に熱いもの感じた」

きっと後藤さんが信用できると思える人だったのだろう。電話口から彼の高揚感が伝わってきた。

「藤かんなのｎｏｔｅは、いつか絶対本になる。たとえ出版社から声がかからなくても、こっちから営業するつもりやった。でも向こうからオファーくれた。すごいよね」

書籍化が実現することは嬉しかったが、一方で不安もあった。

「今公開しているｎｏｔｅだけだと、本にするには量が足りないと思うんですけど、それはどう話が進んでるんですか？」

「うん。だから今は、とにかく書きまくって。だってまだエイトウーマン写真展の話とか、会社辞めてから何してきたとか、書いてない話まだまだいっぱいあるもんね。今書いてることが本になることは保証された。絶対無駄にはならないって分かったから、この調子で、安心して書きまくってくれたら良いよ。いや、絶対本にする気やったけどな」

電話が切れ、スマホを枕元に置いた。ベッドに横になり天井を仰《あお》いだ。そうか、安心して良いのか。早く次の話を書かないと。でもまず熱を下げないとなあ……。そう思いながら再び寝た。

「あなたは天才やねん」

目が覚めると、Xからの大量の通知がきていた。それに加えて、後藤さんからLINEが二通きていた。

「怒りは自分の心の鏡であり嫉妬《しっと》。多くの人を揺さぶったという事実がすごい。それは自信を持つべき力。エンタメの世界で生きる自信となる。いつか近い将来、全ての経験が、小説執筆にも繋がっていくように思う」

「人生は映画。波があるから、最高のエンディングを迎えられる。木じゃなくて森を見る。こんなに人の感情を揺さぶれるのは才能。やっぱりあなたは天才やねん。だから色んな出版社からも注目された」

私がAV女優になった経緯をnoteに書き始めた時、彼はその文章を読んで、「天才」と言ってくれた。私が天才なら、世の中には超天才が山ほどいることになるが、「天才」と言ってもらえたことで、書くことに自信をもらったのは間違いない。

「今、私の映画はどんどん面白くなっていってますね」

LINEを返した。

「超面白い映画。ヒットする予感しかない」

すぐに返事がきた。

「臆せず進みます。揺さぶる側になっていると思うと、ゾクゾクしますね」

「揺さぶる側に立てるって最高で最強だと思う。ほんの一握りの選ばれた人だけ。自分は選ばれし人だと認識して、進まなければならない。天才の宿命であり、天才がもらえるご褒美」

彼はやはりとんでもない人だ。Xが炎上しても「人の感情を揺さぶれるのは才能。やっぱりあなたは天才やねん」と言ってくれる。昨今、SNSが炎上して自ら命を絶った人のニュースをよく見る。それを見て、炎上は怖いものだと思う人がたくさんいる。しかし後藤さんは私の炎上に興奮しているようだった。彼の言葉は、溶連菌とXの厳しいコメントで弱っている私にとって、まるでカンフル剤だった。私ってむっちゃすごいんや、炎上できるって天才なんや、と気持ちを強く保つことができた。もしこの時、後藤さんの連絡がなければ、あるいは「大丈夫？　辛くない？」などと心配されたら、さらに体調を崩していっただろう。精神的に参ってしまって、多臓器不全を起こしていたかもしれない。

「大丈夫。俺たち失うものないもん」

最後に、こうLINEをくれた。彼はよく「AVは世間の底辺。そう見られていることを、きちんと理解せんとあかん」という話をする。職に貴賤《きせん》なしだが、世の中には拭《ぬぐ》いきれない偏見があるのも事実だ。その事実に抗《あらが》って、「私たちAV女優は、誰とでもセックスするわけじゃない」などと言い続けるのは時間の無駄だと、彼は言う。

「底辺に見られていることを利用して、世間があっと驚くようなことをやったろうやないか。相手が、所詮《しょせん》AV女優やと油断してる隙に、すっごい世界を見に行こうやないか。そのほうがずっとかっこ良いし、ワクワクするやろ」

その言葉を思い出しながら、ベッドに横になり、ぼんやりとXを眺め続けた。それにしても、人のことをよくこんなにボロクソに言えるものだ。人間の闇というか、ソーシャルネットワークの闇を見た気がした。

〈AV女優がバレエを教えるなんてありえない。一番の被害者は子どもたち。それもわからない人に、何かを教える資格なんてない〉

〈好きで股広げて、不特定多数の男根にアハってるやつが、バレエ教える。きしょすぎて草〉

何が目的でこんなコメントを書くのだろう。この人たちは自分の知人にも、同じことを言うのだろうか。実際に私を目の前にしたら、同じことが言えるのだろうか。悪寒《おかん》がする。また熱が上がってきたみたいだ。スマホを眺めるのもうんざりして、寝た。

夜、Xはケンカ祭りのようになっていた。

〈AV女優がバレエを教えるとか、感覚バグってる〉

〈いや、バレリーナはもともと娼婦《しょうふ》だった。だからあながち間違っていないのかもしれない〉

私の投稿にコメントしている人同士が、議論を始めていた。私はただ傍観した。台風の目に入ったような静かな気分だった。薬のおかげで熱は下がり、体もだいぶ楽だった。

そこに後藤さんからLINEがきた。

「本人不在で議論しだすのは、すごく理想的なこと。勝手にどんどん大きな波にしてくれてるな。横になってポテチ食べながら、テレビ見てる周りで、他人が本気で言い争いしてる感じ。『ちょっとテレビの音が聞こえないので、もう少し小さい声で言い合ってもらえますか』って言えちゃうのが理想」

歯を磨きながらそのLINEを見て、大笑いした。まだ食欲はなかったが、気分が良くなってポテチを買いに行った。歯も磨いたばかりだというのに。

「俺たち失うものないもん」

彼が言った言葉を思い出した。私たちは底辺であり頂点。失うものがないから、なんでもできる。後藤さんは、「AVをやってるおかげで得られるものがある、経験できるものがたくさんある」とよく話してくれた。今まさにそれを経験している気がした。金やセックスなんかより、もっとワクワクできることを。

炎上してからダイレクトメッセージ（以下、DM）の数も急増した。「呪い殺すぞ」というDMは、バレエをしている娘の母親から。こんな母親を持った娘は可哀想やな。「炎上商法で同業に迷惑をかけるな」というDMは、顔も知らない風俗嬢から。あなたは顔出ししてから言ってください。この日一日で、人間の残酷さを存分に見た気がする。そこまで私に物申したいなら顔晒《さら》して、堂々とかかってこいや！

ポテチを食べて、薬を飲んで、再び歯を磨いて、寝た。

炎上二日目、ポテチがうまい

炎上二日目、六月二十七日。朝起きてXを見ると、炎上はさらに勢いを増していた。

昨晩、滝沢ガレソさんが私のポストを取り上げたのだ。滝沢ガレソさんとは、ネット全般の炎上を取り扱う、暴露系インフルエンサーと言われている。彼(彼女?)のフォロワーは二百万人を超えている。

〈【話題】元バレリーナのAV女優さん、現在も副業でバレリーナ教室にて女児にバレエの指導を続けるも、AV女優であることが職場でバレて勤務継続が困難に……。
■常識的に考えてAV女優が子どもに指導するのは許されないでしょ
■どうして?それって職業差別では……
賛否両論でレスバトル発生中〉
ガレソさんのポストを見て、後藤さんにLINEした。
「滝沢ガレソさんにリポストされて、Xがさらにえらいことになってます。今日、どんなポストしたら良いでしょう。何かポストすべきでしょうか……」
AV女優デビューしてから、一日一回はポストするというのを、日課にしていた。しかし前代未聞の状況の中、全く関係ないポストをするのは違う気がするし、炎上についてポストするのも危険な気がする。

「二、三日、傍観してみようか。注目される快感に浸《ひた》っていて」

後藤さんからはそう返事があり、さらにユーチューブのＵＲＬが一つ送られてきた。

「中島みゆきの『ファイト』でも聴いて、自分を鼓舞しといて」

今朝はまだ少し熱があったので、『ファイト』をリピートしながら寝ることにした。

昼頃、後藤さんからの電話で目が覚めた。

「バレエ教室にＡＶがバレたドキュメンタリーの続き、今日、ポストしようか」

バレエ教室にＡＶがバレた話は、バレエの先生と話し合うところまでで、投稿が止まっていた。その話し合いの結果がどうだったかを今日、ポストしようというのだ。さらに炎上するんやろなと、心無しかワクワクした。

Ｘでの厳しいコメントは少し様子が変わり、〈これは彼女の炎上商法だから、みんな目を覚ませ〉と、変な火消し集団が現れ始めていた。

「今すごく注目されてるやん。でもこれ以上引き延ばすと、盛り下がると思うねん。この炎上で藤かんなのｎｏｔｅを見た人もかなりいる。だから、ｎｏｔｅ第二部を今、公開するのが良いと思う。どうやろ、いけるかな」

ｎｏｔｅ第二部とは、私のＡＶデビュー作の撮影の様子を書いた記事だ。もちろん異論はない。第二部はすでに書き終えている。

「Ｘでは今、話の論点がどんどんズレてきてるやん。解剖医がどうこうとか、バレエは昔娼婦だったとかさ。何が原因で炎上したんか、もはや分からんな」

彼は電話口で笑っていた。本当に楽しそうだった。その笑い声を聞いて、心が軽くなるのを感じた。やっぱり笑うって大事みたい。

電話を切った後、Ｘの下書きに保存していた、バレエの先生との話し合いの内容の記事を、まず一つポストした。

〈先日、バレエの先生と話してきた。教室のマダムも一人、同席していた。先生は言った。「かんなちゃんがこの教室で指導するのは、辞めてほしい。生徒や親御《おやご》さんが嫌な思いすると思うから」私は承諾した。（続く……）〉

そして二時間後に二つ目。

〈「なんでこんなことしたん。将来のこと考えてるの？」「こんなことにバレエを使ってほしくない」「かんなちゃんのバレエに憧れてる人への裏切りやで」先生とマダムは言った。

私は聞いた。〈続く……〉

さらに二時間おいて三つ目をポストした。

〈「レッスン受けるのは自由やから、来てくれても良いけど……」「人生最大のビックリ。こんなビックリ今後何にも活かせないから、もう経験したくないわ」最後に先生とマダムは言った。嫌な思いをさせてしまったみたい。私は八年お世話になったバレエ教室を辞めた〉

話し合いの内容は全部で三部構成だった。少し劇的に書きすぎたかなとも思ったが、当時の私は悲劇のヒロインになりきっていた。

「ポストはじっくり二時間おきに投稿しよう」

三つの文章を二時間おきにポストしたのは、後藤さんからの提案である。彼もかなりの演出家だ。三つのポストをし終え、反応はしばらく見ないでおいた。きっと辛辣《しんらつ》なコメントがたくさん書かれているだろう。この演出に気付いている人もいるかもしれない。みんなの感想を見るのは、もう少し後でも良いだろう。

その夜、後藤さんと電話をした。

「今、藤かんなのポストを四千万人が見てるで」

　それを聞いて急いでXを開いた。バレエをしている子供たちの足の写真のポストが、閲覧数「4873万」となっていた。これこそ本当に、Xがバグったのかと思った。だって四千万人って、日本の人口の三分の一ではないか……。このポストはのちのちかなり非難を浴びることになり、残念ながら削除することになった。

「あの……四千万人って日本の人口の三分の一ですよね」

「え、ちょっと待って……。ほんまや。ほんまやん！　え、ほんま？」

　後藤さんもさすがに驚いていた。

「日本の人口って一億二千万くらいやもんな。恐ろしいね。もうXしてる人の、ほぼみんなが見てるやん」

　彼の声は高揚していた。AVデビューして一年程度の私が、日本の三分の一から注目されている。しばらく素顔で外を歩けないなあと、ゾクゾクした。

「そういえば、百田さんが三回もコメントをくれてるんです」

「ええ！　三回も⁉」

　百田尚樹さんが私の炎上にコメントをくれていた。本好きな私からしたら、著名な作家から注目してもらえるなんて、夢のようだった。百田さんが私の炎上にコメントしてくれたのは理由がある。私は炎上の少し前に、彼の『カエルの楽園』を読み、その感想をポストしていたのだ。それをたまたま、百田さんのファンが見つけ、「ＡＶ女優にも百田さんの読者がいますよ」と本人に知らせてくれた。そして彼は私のポストに目を留めてくれたのだ。

彼のコメントで一番シビれたのは「負けるな」の一言である。私が「バレエの先生との話し合いに行ってくる」と書いたポストに対してくれた言葉だった。大きな励みになったし、彼の優しさを感じた。

「百田さんも世間から叩かれてきた人やし、闘ってきた人やからな。『負けるな』っていうのは、自分に対しても言ってる気がするわ。いつか藤かんなの本が出たら、百田さんにも渡そうや。それで百田さんと対談させてもらおうや。そうイメージしたらワクワクするよね」

後藤さんが未来を語ってくれる時、いつもワクワクする。

「昔な、葵つかさが炎上して、藤かんな以上の叩かれ方してん」

数年前、エイトマンの人気女優である葵つかささんが、某有名タレントと交際していることを週刊誌で取り上げられた。そしてそのタレントのファンから激しく非難された。

「でも人の怒りは愛に変わる。あの時、彼女が踏ん張れば、世間にもっと味方を増やせるはずやってん。ただ、できひんかった。俺もさせられへんかった……。だからもしまた、うちの女優が炎上したら、この反省を絶対に活かそうと思っててん。何回も言うけど怒りは愛に変わる。いつか藤かんなが小説を書いて、それが売れたら、って売れるんやけど。そしたら今あなたを叩いてる人たちは、きっと黙る。中には『藤かんなの書く文章には心揺さぶられました』って言う人も出てくるよ」

後藤さんが今、私に頻繁に連絡をくれている理由が分かった。過去の反省を活かすためだったのだ。私は葵つかささんの経験と、後藤さんの反省に守られている。

「私、すごい小説家になりますね」

「そうやで！」

頭がぼーっとする。熱が上がっているのかもしれない。葵つかささんは炎上した時、どれほど辛かっただろうか。悔しかっただろうな。彼女の思いを昇華するためにも、この炎上を乗り越えよう。上手く利用させてもらおう。こうなれば炎上万歳だ。おかげで未来が一気に膨らんだのだから。

電話の後、後藤さんから写真が送られてきた。ＦＡＮＺＡの動画ランキングで、藤かんなのデビュー作が一位になっている画面のスクリーンショットだ。ＦＡＮＺＡとはアダルト動画やＤＶＤ通販などの総合アダルトサイトである。

「藤かんなの知名度が一気に上がってる。マドンナの冨野さんがむっちゃ喜んでＬＩＮＥくれた。マドンナ社内だけでなくて、エスワンやアイポケ（正式名、アイデアポケット）でもかなり話題になってるらしい。エスワンの豪華大共演作品まで抜いてる。これはエグい！」

送られた写真を見ると、約一年前に発売された私のデビュー作が、エスワンの『スーパースター女優と大乱交、激レア共演Ｓ１ファン感謝祭』という作品を抜いていた。エスワンやアイポケとは、人気専属女優を多く抱える、大手ＡＶメーカーのことだ。

私、誰かに刺されへんやろうか……と一瞬不安がよぎった。誰かの反感を買っていてもおかしくない。それにしても私のデビュー作は、値段が「五百円～」となっている。ちょっと安すぎひんか。まあまたそこがかっこ良いんかも知らんけど。

炎上はまるで、パチンコで大当たりが出た時のようだ。予想以上の大量の玉が、延々と出てくる感じ。私は今、玉が出すぎて大慌てしている。パチンコ、やったことないけど。大当たりを出した興奮を、後藤さんと共有することで、その喜びは何倍にも膨らんだ。彼だけではない。エイトマンのみんな、マドンナのプロデューサー長の冨野さん、その他たくさんの人が、この炎上で大喜びしてくれている。大きな舞台の真ん中で、何度もカーテンコールをもらっているような高揚感だった。

そのおかげで、炎上の厳しいコメントも冷静に見ることができた。

〈女のクズ、人間のクズ。見てるだけでムカつく〉

ほんなら見んかったらよろし。

〈こいつのバレエはど素人《しろうと》すぎて見てられない。でもAVはわりかしプロ。おすすめ〉

叩いときながら、AVは見たんかい。

〈バレエを性的なものにするなんて、神経狂ってる。子供たちが一番の被害者〉

あなたのお子様も、あなたの本気中出しで生まれてきたんやで。

心ないコメントをする人たちは、私をコテンパンに叩くことで、日頃の鬱憤《うっぷん》を発散しているのだろう。それであなたたちが少しでもハッピーになるなら、どうぞ叩いてください。

私はあなたたちのおかげで、未来が一気に広がりました。本当にありがとう。感謝の気持ちで手を合わせて、ポテチを食べようと思います。ああ、ポテチがうまい。

炎上三日目、「日頃の行いやね」

炎上三日目、六月二十八日。熱も下がり、体調は快方に向かっていた。昼頃、ダンス関係の男の友人から電話がきた。炎上で私がAV女優であると知ったのだろう。電話、出んとこうかな。そう思ったが、怖いものには飛び込む主義なので、電話を取った。

「彩ちゃん、X、大丈夫？」

彼はダンススタジオの主催者で、私はたまに彼のスタジオを借り、バレエ指導をしていた。おそらく、今後スタジオは使わないでくれ、と言われるのだろう。そう思い、先に話を切り出した。

「すみません。スタジオを借りたことでご迷惑をかけましたか？　今後お借りするのはやめにします」

「いやいや、それは違うんだよ。Xがすごいことになってるから、大丈夫かなと思って。僕に何かできることがあれば……といっても、あんまりないだろうけど、力になれることがあれば、なんでも言ってね」

彼はそう言って電話を切った。たった一分半の会話だった。その後すぐに、彼からＬＩ

NEがきた。

「勢いで電話してしまいましたが、彩ちゃんの存在は僕の刺激にもなっています。これからも応援してるよ！」

ダンスを志《こころざ》す者同士としての刺激か、一男性ユーザーとしてか、その真意は定かではない。だが、直接私に電話をくれたのは、非常に嬉しかった。いつかまたゆっくり話ができたら良いな。

さらにある人からLINEがきた。私はもう一つ別のバレエ教室で助手をしていた。そこの先生からだった。

「今後のことを話したいので、お電話できますか？」

彼女にもAV女優であることが知られたのだろう。また理恵先生のように、説教されるのだろうか。電話なんてしたくなかったが、逃げても仕方がない。「できます」と返事をすると、すぐに電話がかかってきた。

「高木先生、大丈夫ですか？」

きっと本題を言い出しにくいのだろうと思い、自分から話を切り出した。

「私の仕事の件で、先生やお教室の皆さんに、ご迷惑をかけましたか。申し訳ありませんでした」

「何も迷惑はかかってないので、大丈夫ですよ。高木先生がそういう仕事をしてるのは少し驚いたけど、そこに対してどうこう思うことはなくて。ただ、無理矢理やらされてるとかなら、心配なんだけど……。そういう感じではないの？」

「違います」と答えると、彼女は「そう」と、短い返事をしてこう続けた。

「高木先生は人柄がとても魅力的だし、尊敬できるところもたくさんあったから、できればうちの教室を一緒に支えてほしいと思ってるのね。でも私もこういうのは初めてだから、どうするのが一番良いのか分からないの。ごめんなさい」

誰かを困らせたくて、ＡＶ女優をしているのではない。私は自分から「指導はやめます」と伝えた。

「子供たちの指導はもちろん、発表会に急遽《きゅうきょ》出てもらったりとか、とても感謝してます。私は高木先生との縁が切れたと思ってないからね。陰ながらいつも応援してます」

先生はそう言って電話を切った。これから、人間関係が大きく変わっていく予感がした。変わる時がきたんだ、と思った瞬間でもあった。

これを機に、他の教室でのバレエ講師も全て辞めた。私は近所のカルチャーセンターでも、数クラスのバレエの指導をしていた。そこでも遅かれ早かれバレるだろう。そうしたら、講師をやめることになるのだろう。ならば潔《いさぎよ》く自分から辞めてしまおう、とカルチャーセンターの担当者に電話をして、バレエ講師を辞めさせてほしいと伝えた。AV女優をしていることも伝えた。もう全てをリセットさせたい気分だった。

センターの担当者は少し驚いていたが、淡々と対応してくれた。そして最後のレッスン日の後、こう言われた。

「カルチャーセンターの中にも、色々な事情を抱えておられる先生はたくさんいます。それに、ここは副業は禁止ではないので、できればこちらも応援したいのですが……。令和といえど、色々な考えを持つ方がいるのも、事実ですよね。高木先生のクラスの生徒たちは、とても残念がっておられましたよ。親御さんも『良い先生だったのに、なんで辞められるんですか』って、ショックを受けられていました。お体には気をつけて。これからも頑張ってください」

担当者に対して、精一杯の感謝と謝罪を告げ、カルチャーセンターでの講師を終えた。

AV女優であることが周囲に知れ渡り、疎遠になってしまった人たちもいるが、そうでない人たちもいた。理恵先生のバレエ教室をやめて、私はすぐに別の教室に通い始めていた。そこの先生がXの炎上を見て、こんなメールをくれた。

「彩ちゃんのお仕事を知りました。でもどんなお仕事をしていようと、関係ないと思っています。あなたが、ただ純粋にバレエが大好きなのは、あなたの踊りを見てると分かります。私の教室でバレエを楽しんでくれるなら、それが一番。人それぞれ考えがあるけれど、私はそう思っています。なのでこれからもレッスンに来てください」

メールを読んで胸が熱くなった。そして同時に理恵先生のことを思った。結果的に、バレエの指導も教室もやめることになった。けれど理恵先生は、私がAV女優だからという理由で、拒絶したのではなかったと思う。きちんと腹を割って話し合えていたら、結果は変わっていたのかもしれない。ちゃんと初めからAVのことを言えていたら、良い関係を作れたのかもしれない。相手は自分の鏡。一〇〇パーセント相手が悪いなんて、あり得ないのだ。

昔の友人からもいくつか連絡がきた。大学時代の友人にはこう言われた。

「X、すごいことになっててんじゃん。AV女優やってるってびっくりしたけど、そこまで意外でもなかったよ。私の知ってる彩ちゃんと何も変わってなくて、ちょっと嬉しかった」

「何も変わってなくて、ちょっと嬉しかった」の言葉に笑ってしまった。私のことをよく知らない人は、なぜ高学歴OLがAV女優になったのかと、驚く人もいるだろう。この子は頭がおかしいんだと、哀れに感じた人もいるかもしれない。私のことをよく知っている人でも、一体あの子に何があったのだと、あえて触れてこない人はいるだろう。AV女優になった自分を、得体の知れない人だと思われているのは感じていた。昔からよく「彩ちゃんは、変だよね」と言われていた。しかし自分が変だと思ったことはなかった。だって私からしたら、みんな、私と違っていて、変だったから。

「AVは精度の高いリトマス試験紙やねん」

いつかの後藤さんの言葉を思い出した。

「AV女優やって知られた時、相手の本質が分かる。本当にあなたのことを思ってる人なのか、上辺だけで付き合ってきた人なのか。そこで今後付き合っていくべき人を精査できる」

AVがバレたことで、とても生きやすくなりそうな気がした。

ただ、これだけ注目されると、やはり気になるのが両親のことだ。AV女優に失うものは何もないと思っていたけれど、両親の笑顔は失いたくない。まだもう少し時間がほしい。

もう少し知らないままでいてほしい。AV女優のその先にいって、両親を安心させるだけの結果を残してから、きちんと報告しに行くから。

「私ここまでやったよ。自分を誇らしく思っているし、今、最高に幸せだよ。こんな私に産んで育ててくれてありがとう」

そう胸を張って言いたいのだ。受け入れてはもらえないかもしれない。でもだからこそ、堂々と言えるように、絶対的な自信をつけたい。

「日頃の行いやね」

母はよくこの言葉を口にした。

大切な日に天気が良かった。

「日頃の行いやね」

スーパーのくじ引きで、三等賞が当たった。

「日頃の行いやね」

百円を落とした。

「日頃の行いやね」

母は良いことも悪いことも全て「日頃の行いやね」と言っていた。この炎上騒ぎで、私に直接連絡をくれた人たちは、みんな炎上を心配して「頑張って」と応援してくれた。きっと母ならこう言っただろう。

「日頃の行いやね」

そんな母は、私の仕事を知ると、なんと言うだろうか……。

スマホを開くと、私の炎上がヤフーニュースに上がっていた。どうかまだ両親の耳に入らないでほしいなあ。今年の盆休みは実家に帰りたくないなあ。

炎上四日目、えげつない人たち

炎上四日目。私の体調はすっかり良くなった。相変わらずXの炎上は続いている。今は私の過去のポストのことを、叩くのが旬《しゅん》なようだ。特にバレエを踊っている動画が、猛烈に攻撃されていた。

〈こいつ初心者かと思ったら講師なの?〉

〈バレエ始めて三カ月くらいの人かと思いました〉

〈ジムのなんちゃってバレエしてるおばちゃんのほうが上手い〉

うるせえ! そう言うんやったら、てめえのバレエ動画載せろや! こちとら勇気振り絞って自分のバレエ動画をあげとんじゃ。

バレエ動画に対して厳しいコメントする人たちは、一体どれだけバレエが上手なんだろうと思い、アカウントを覗《のぞ》いた。バレエに関する投稿は皆無だった。自分の顔すら公開していない。この人たちを、なんて卑怯《ひきょう》な奴らなんだ、と思ってしまうのは、私の心が狭いからなのだろうか。私のバレエ動画を叩くために、わざわざバレエ用語を調べたのだろう、と思われるコメントもあった。なんて健気《けなげ》なんだ。少し愛《いと》おしさすら感じた。そこまで興味持ってくれて、むしろありがとう。

〈この程度でコンクール一位とか偽造やろ〉

〈バレエ教室やめさせられたのは。お前が下手くそだからだ〉

〈この人、一年前も会社にバレたことをポストしてる。炎上商法じゃん〉

〈会社でバレて、バレエ教室でバレて、次は親バレで炎上確定〉

一年前に、バレエコンクールで一位を獲った時のポストや、会社辞めたポストにまで遡《さかのぼ》って、コメントをくれていた。だんだん本当にみんなのことが愛おしくなった。さらにｎｏｔｅについても、たくさんコメントがあった。

〈主観的なことしか書いてない〉

〈ひらがな多くて稚拙《ちせつ》、小学生の書く作文みたい〉

ｎｏｔｅまで読んでくれて、さらにコメントまでくれて。感動した。エッセイは主観的に書くものだから、私の文章は正解だよね。稚拙、つまり分かりやすい文章ってことだね。最高の褒め言葉、ありがとう。

それからも炎上は色々なものを見せてくれた。関西の私立大学、Ｄ大学の公式アカウントから、こんなＤＭが何通かきた。

〈ＡＶやってバレエ講師してるって神経やばいな〉

〈バレエ講師って嘘松《うそまつ》かよ。講師を名乗ってんじゃねえ。冒瀆するな〉

まさかＤ大学の公式アカウントが、個人的且《か》つ、卑劣《ひれつ》なメッセージを送ってくるのかと、目を疑った。きっと公式を名乗った偽物なのだろう。しかしＤ大学への好感度は大きく下がった。将来もし、私に子供ができたら、Ｄ大学だけは勧めないでおこう、と胸に誓った。

他にも風俗嬢、グラビアタレント、同業のＡＶ女優からの、厳しいコメントもたくさんあった。とても有名で人気のあるＡＶ女優が、私のことを散々批判した挙句、私のＸアカウントをブロックしていた。ブロックされている私は、彼女がどんな批判をしていたのか、分からない。しかし後藤さんが、全てチェックしてくれていた。

「突然、藤かんなの家に入ってきて、家具とかぐちゃぐちゃにして、鍵閉めて出て行った感じやな。えげつないね」

後藤さんはそう笑いながら、猛烈に腹を立てていた。ほんまに、えげつない人、いっぱいおるわ。

その日の夜、後藤さんから電話がかかってきた。

「今、あなたは悲劇の渦中にいるやん。『藤かんな　バレエ』とか、『バレエ　AV』って検索したら、それはそれは悍《おぞ》ましいこと書かれてるよ。藤かんなは死んでもええくらいやで」

あえてエゴサーチはしていなかったが、死んでもええくらいって、どれだけ悍ましいことが書かれていたのだろう。

「炎上して死ぬ人おるやん。過去にもそんなニュース、たくさんあったやろ。でもその炎上した人たちにも『お前はむっちゃすごい。そんなお前じゃないとできないことは絶対ある。一緒にやろう』って言ってくれる人が、一人でもいれば、結果は変わってたんじゃないかなって思うねん」

炎上しても、私が平然といられる理由が分かった。私には「お前はむっちゃすごい」と言ってくれる味方がいたのだ。Xが炎上してから、後藤さんは毎日電話をくれた。厳しいコメントに腹を立て、「こいつらアホやな」と笑ってくれた。エイトマンのみんなも、「新しい世界を見せてくれてありがとう」と言ってくれた。マドンナのプロデューサーも、私の作品がFANZAで一位になったことを喜んでくれた。私は決して独りじゃなかった。「ようやったな」「すごいな」と、感心してくれる人がたくさんいた。自分の身に起きたことを、ちょっと劇的に書いたら炎上して、でもそんな私を、みんなは包帯でぐるぐる巻きにして、胴上げをしてくれた。

「俺はな、藤かんなのメンターやねん」

後藤さんが突然言った。ああ、だからか、と深く納得した。彼が言うなら、私は大丈夫、といつも思わされるのは、彼が私のメンターだからなのだ。

「でも、俺がメンターなのはあと二、三年」

え……。言葉が出なかった。

「藤かんなは四、五年後に、絶対小説を書くねん。しかもむっちゃ面白いやつ。その小説にはAVやって見えた世界のことが、絶対に役に立つ。今回の炎上も絶対肥やしになる。そしてその時にはきっと、さらに新しいメンターが見つかってる。俺が見つかるようにする」

待って待って。いきなりそんな寂しいこと言わんとってよ。

「縁を切るとかの意味じゃ全くないで。親が子供を巣立たせる感じ。そういう心持ちでいないと、子は成長できひん。同時に親も成長できひん。今は俺の器《うつわ》で、色んな経験をして、成長してもらう。次はさらに器のでかいメンターを見つけて、もっと成長してもらう。そしたら俺の器も、さらにデカくなるねん」

突き放されているわけじゃないと分かっていても、やはり寂しい。

「絶対俺から巣立つ時がくる。巣立ってもらう。そして俺も新しい世界をもっと見せてもらう」

巣立つことが、彼への恩返しなのだろうか。少しそう思えてきた。私は、ずば抜けて素晴らしい顔や体を持っているわけではない。歳が若いわけでもない。しかし彼は、そんな私を背負ってくれた。AV女優として、できるだけ長く生き残れるよう、真剣に向き合ってくれた。巣立つことが彼のため、エイトマンのためになるならば、私にはそれをする義理がある。後藤さんを選んでエイトマンを選んだのは間違ってなかった。センスの良い決断をした。そう自分を褒めてやりたかった。

「あなたはこれから自分に起きた全てを、日記みたいに書いて残していったら良い。これが今のあなたの役目。実はこれって、すっごいでかい役目やから。俺がこうして言葉で話しても、一人にしか伝わらへん。けど、文章は何百倍、何千倍の人たちに伝えることができる。未来に残すこともできる。藤かんなの文章で救われる人も出てくるよ。文章で人を救うって最高やんな。世の中、ぎゃふんと言わせたろうぜ」

「はい。絶対に！」

そう返事をして電話を切った。その夜は頭が冴えて眠れなかった。

炎上五日目、謝罪……

炎上五日目。Xの炎上もだいぶ落ち着いてきた。

〈これはただの釣り。売名行為だ〉

〈偽装炎上。踊らされてたのは俺たち。マジきもい〉

〈嘘の話で知名度をあげて、ほかのＡＶ女優に迷惑をかける。頭おかしいんじゃないか？〉

〈灰になって死ね〉

相変わらず厳しいコメントは大量に流れている。だが、〈藤かんなのXへの投稿は全て嘘だ〉というコメントが増え、みんなは徐々に興味をなくしつつあるようだった。それにしても何がどうなって、私の全てが嘘の話になったのだろう。勝手に盛り上がって、勝手に嘘にされた。炎上は予想もしない出来事ばかり起こる。

この日、ｎｏｔｅで新しく連載を開始する予定で、十九時にその第一話を公開するはずだった。十八時半、ｎｏｔｅ公開まであと三十分。第一話の文章を再度、確認していると、後藤さんからＬＩＮＥがきた。

「ｎｏｔｅの公開、ちょっと待って」

何か公開してはいけない内容があっただろうか。「分かりました」と返事をして、彼からの反応を待った。

十九時を過ぎて、後藤さんから電話がきた。

「今な、藤かんなの本を出したい、と言ってくれてる出版社の人と会ってるねん。その人から『炎上したままだと、せっかくのｎｏｔｅの連載を、まともに読んでもらえない可能性がある。だから一度、謝罪を入れて、炎上を落ち着かせたほうが、良いんじゃないですか？』って提案を受けてん。俺は謝る必要なんてないから、このままいったら良いと思ってたけど、その人の言うことも一理あるなと思い始めてる。ただ謝っても、なんやかんや言うてくる人はいるよ。でも収まる人もいる。味方はさらに味方になってくれる……かもしれへん」

謝ることに対して、特に抵抗は感じなかった。この炎上騒ぎも、どこかずっと他人事《ひとごと》のように感じていたから。

結果、ｎｏｔｅの公開を延期し、謝罪をすることになった。どんな謝罪文にするか、後藤さんをはじめ、出版社の人も一緒に考えてくれた。

二十時三十五分、謝罪文をポストした。

〈私の投稿について、皆さまから寄せていただいたご意見をじっくり考えました。結果、他者のプライバシーへの考え方が甘かったと感じました。お詫びいたします。誠に申し訳ありませんでした。ツイートは削除し、今後このようなことがないよう、細心の注意を払っていく所存でございます〉

十分経ち、二十分経ち、ポストに対するみんなの反応を見た。

〈炎上商法成功したから取り敢《あ》えず削除って認識でいいですか？〉

なるほど、そう解釈されるのか。

〈プライバシーの考え方が甘いの問題ではないよね。炎上商法のために、真面目に子どもたちへバレエを教えていたかのようなでっち上げをした。ズル賢いイヤらしいことをした。それが根本的な問題ですよね！〉

数秒おきに辛辣なコメントが投げつけられる。

〈謝るなら最初からやんなよ〉

〈この遠回しで意味不明な謝罪なに？　みーんなを騙して、有名になりたかったって正直に言えば？〉

〈嘘や矛盾や承認欲求のための行動をやりすぎて、嘘がバレはじめたので消したって言えばいいのに〉

〈AVの世界から出てこないで〉

〈性を生業《なりわい》にしているお前がバレエに携《たずさ》わるなんて、元は王侯貴族の教養だったバレエ全体に対して失礼。二度とバレエにかかわるな〉

〈やっぱり馬鹿なんですね〉

〈ネットで叩かれ炎上したおばさん熟女バレリーナ〉

〈宣伝はうまく行きましたか？　炎上商法みたいなことしてても自分の価値はそんなに上

がらんと思うのですが。虚《むな》しくねぇか？　成り上がるためにはそんな方法しか思いつかない？〉

〈あんたのようなズブの素人が講師を名乗るな〉

〈AVがバレて、バレエ教室をクビになった……。悲劇のヒロイン設定。職場差別より嘘設定してまで、売れたいあんたのほうがやべーよ〉

〈嘘ついてバズりたいのか。やっぱりAV女優って底辺だ。クソみたいな仕事。擁護してた他のAV女優が可哀想〉

〈あなたがやった事は、一生懸命プロをめざしてお稽古《けいこ》をしている子供たちへも失礼だし、生涯学習としてやられている大人バレエの方、バレエを広めようとしてくれてるお教室の先生方、バレエ団の方、様々な方に大変失礼かつ不適切な言動です〉

――こんなコメントが数え切れないほどあった。

私の気持ちは、ぐちゃぐちゃになった――。

ああ。分からへん。ほんまに謝罪するべきやったんやろか。どっちが正解やったんやろ。

ああ、分からへん分からへん分からへん。

なんで？　なんでこうなるの？　バレエをずっと続けてることも、バレエ教えてることも、教室で私がいない存在のように扱われてきたことも、先生が言ったことも、全部本当のことやのに。阪大の大学院を卒業したことも、理系であることも、会社勤めしてたことも、何一つ嘘なんてないのに。私はありのままを出しただけやん。

自分のバレエ動画だって、身を斬る思いで投稿した。プロでないことなんて、自分が一番分かっとるわ。プロのバレリーナになれとったら、会社員にもAV女優にもなっとらんわ。そのことも分からんのか。ボケども！

勝手に炎上して、勝手に売り上げ上がって、勝手に売名行為、炎上商法言われて、挙げ句の果てにはバレエのど素人、バレエ講師やってたなんて嘘って言われて……。私の全ては嘘。どういうことやねん。会ったこともない人、私の人生に一ミリも関わってなかった人、さっきまで藤かんなすら知らなかったような人から、なんで「お前の全ては嘘」って言われなあかんねん。

どうして私の人生を否定された？　どうしてこれまでの全てが詰まった人生を、ないものにされた？　どうして奴らはそんなことができる？

それなのに、私はなんでそんな奴らに謝った？　なんで奴らに頭を踏まれなあかん？

このまま全部私が悪かったことにされるのか？　私は負けたのか？　悪者なのか？　あいつらより劣る人間なのか？　あいつらより何か酷《ひど》いことをしたのか？　分かったようなこと言ってんじゃねえよ。てめえら何様なんだよ。

〈謝ったんだから、これで終わり！〉

〈一旦落ち着いて。誰しも失敗はあるよ〉

〈抑えられない気持ちがあったんだね〉

はぁ？　マジ黙れ。脳みそ使わず言葉を放つな。酸素の無駄遣いだわ。いや、半導体の無駄遣いだわ。偽善者面《づら》すんじゃねえよ。まじキモいんだよ。反吐《へど》が出るわ。そのスカスカな脳みそ濃硫酸《のうりゅうさん》で溶かされながら死ね。濃硫酸は値段高いから、塩酸で死ね。

こんな腐った世界。こんな腐った世界。こんな腐った世界。

何も変わってない。そりゃそうだ。私が変わっただけ。中学・高校・大学・社会人、今に至っても、世の中は何も変わってないのだから。腐った世界は腐った世界のままだった。

なんか色々思い出してきた。私が未来に希望を持てなくなった、色んなことを。裏切ったのは誰？　私じゃない。世の中でしょ。愛情と希望たっぷりに生まれてきて、この世界にワクワクして生まれてきて。そんな私を裏切ったのは、あなたたち、世の中でしょ。

ああ、だめだだめだだめだ。思い出してきた。私は失望したんだ。誰にじゃない。「全て」に失望して、絶望したんだ。私の中のキラキラが全部消えたんだ。だから、どんなちんこも受け入れた。ＡＶもできた。炎上しても平気でいられた。本当に何も失うものがなかった……。

そのはずだった。でも実はまだ残ってた。

過去の自分が残ってた。

この世にワクワクしていた。生きるのに必死だった。過去の自分が残ってた。

ごめんなあ。守ってやれへんくて。必死に生きてきた私を、これからの私の未来のために傷つけて。ほんま、ごめんなあ。

でも今、私には味方がいるねん。きっといるはずやねん。絶対いてるねん。だから消えんとって。この世を信じることのできる私。人を信じることのできる私。どうかまだ消えんとって。どうかどうか、いなくならんとって。

助けてやってよ、これからの私。これまでの私を、どうか助けてやってよ。

大丈夫、大丈夫。泣いて怒れるだけのエネルギーを持っているうちは大丈夫。日記に書こう。文字にして落ち着いて。

大丈夫、大丈夫、大丈夫。ネット上で何を書かれたって、どう思われたって、私のこと知らない奴ばかりでしょ。それに私のことを言われてるんじゃない。藤かんなのことを言われてるんや。

これまで悔しいことなんて、たくさんあったやない。屈辱的だったことも、たくさんあったやない。世界から音がなくなって、白黒に見えた日々を過ごしても、ちゃんと戻ってこれたやない。

今の私は独りじゃない。それに今は「藤かんな」が言われてるだけ。彼女が私の盾になってくれてる。ファンとか名乗ってる奴らも、みんなバカやってん。優しいコメントする奴だって、私のことは何も分かってなかってん。そりゃそうやん。八年間一緒にバレエしてても、何も分かり合えてなかったことだってあるねんから。ネットなんてまともに見たらあかん。踊らされるな。バレリーナやろ！

「俺たちは前に進もう」

二十三時。コメントを見るのをやめて、Xを閉じた。また熱がぶり返していた。

今日はもう、藤かんなを休ませてあげよう。

そうして風呂も入らず、歯も磨かず、寝た。

翌日、後藤さんからＬＩＮＥがきた。

「小学館と集英社に、今回の炎上をインタビューしてもらうことになった。これで炎上を鎮火してもらって、俺たちは前に進もう」

小学館のインタビュー記事では、私がバレエを踊っている様子を撮影して、一緒に載せるとのことだった。

嫌だった。自分のバレエ動画をあれだけ「ど下手くそ」と言われた手前、もう人前で踊る自信はなかった。自分のバレエを晒すのは怖かった。

インタビューの前日、ある用事でつばさ舞ちゃんに会った。舞ちゃんは炎上のことを気にかけてくれた。でも彼女がすごいのはここから。

「正直、かんなちゃんが炎上して、羨《うらや》ましいと思った」

彼女の真剣な目を見て、私は笑った。

炎上のおかげで、藤かんなの知名度は一気に上がり、本を出版することも決まった。未来が一気に広がったのだ。羨ましいと思われて当然だ。

何を今さら、バレエ動画出したくないとか思ったんやろ。舞ちゃんの一言に頭をどつかれた気分だった。彼女は妬《ねた》みや嫉《そね》みなど一切なく、自分の気持ちをど直球に伝えてくれた。彼女のまっすぐさは本当にすごい。大きく励まされ、気持ちを奮い立たされた。炎上万歳って思ってたやん。もう一回炎上するつもりで、バレエ動画も出したろや。

翌日、小学館の広いスタジオで、白いレオタードと白いチュチュを着させてもらい、カメラの前で何度も踊った。

まるで初めてグラビアを撮った時のようだった。

第五章

百田尚樹チャンネル出演

百田尚樹さんの奥さん

「困難な道を逃げずにまっすぐ突き進んで来た人には、必ずご褒美がある。それを実証してくれた。ありがとう」

後藤さんは車を運転しながら、後部座席に座っている私に言った。兵庫県川西市《かわにし》の火打《ひうち》の交差点で、信号待ちをしている時だった。

二〇二三年九月四日。私は百田尚樹さんのユーチューブ、およびニコニコ生配信のゲストとして呼ばれていた。AV女優になると決断した時、こんな未来がやってくるとは一ミリも想像していなかった。AV女優になって人気がなくなった数年後には、天王寺《てんのうじ》で野垂《のた》れ死《じ》んでるかもしれないと怯《おび》えていたのだから。

十九時、百田さんの仕事場に着いた。インターホンを押して良いものかと、後藤さんと二人、玄関の前に立っていると、左から人が歩いてきた。百田さんだろうかと思ったら、女性だった。彼女は百田さんの奥さんだった。

「百田さんの奥さんにも、挨拶できたら良いよね。きっと奥さんは少し不安やと思うねん。AV女優と、AV事務所の社長が来るねんで。派手な姐《ねえ》ちゃんとヤクザが来ると思ってるで。少しでも会えたら、安心してくれるんちゃうかな。ちっこい女の子とちっこいおっさんが来たって」

行きの車の中で、後藤さんはそう話していた。それがなんと現実になった。私たちはついてる。百田さんの奥さんは、上品で落ち着いた人だった。

「初めまして、藤かんなです」

挨拶をすると、彼女は微笑みながら「綺麗な方ですね」と言ってくれた。いえいえ、百田さんはいつも「俺の嫁さんはむっちゃ美人やで」と、ユーチューブで自慢していますよ。そうしていると、玄関の戸が開いた。百田さんだ。私たちは奥さんと別れ、仕事場の中に入った。

玄関を入るとまず、天井から吊るされているサンドバッグが目に入った。そういえば、百田さんは、若い頃にボクシングやっていたんだっけ。そう思いながら階段を上がると、二階は天井が高い、とても広々した空間だった。部屋のあちこちに大量の本が積み上げられており、正面の壁には、大量のクラシック音楽ＣＤが並んでいた。

ここが百田尚樹チャンネル、ユーチューブの部屋や……と感激と緊張で、初めて東京に来た田舎者のように立ち尽くしていた。

「どこでも好きなところ座ってくださいね」

そう椅子を勧めてくれた百田さんは、普段ユーチューブで見る彼と少し違った。関西弁で面白いことを喋《しゃべ》りまくる、賑《にぎ》やかな人のイメージだったが、思ったより静かだった。そうだ、この人はベストセラー作家で、新しく政党を立ち上げようとしている人だったな。今さらながらに思い、さらに緊張した。私はこれからそんな人とライブで対談するのだ。

ライブ配信が始まるまで一時間ほどあった。百田さんの奥さんが用意してくれたお弁当を、みんなで食べながら、彼は私の経歴やAV業界のことを詳しく聞いた。

「このブログ、noteって言うんか？　印刷したらむっちゃすごい枚数になったわ。六十枚以上あるんちゃうかな。内容もまたむっちゃオモロいし、本にできるで。出版社から話きてないんか？　きてるやろ」

彼は私の公開中のnoteの記事を、わざわざ印刷して読んでくれていた。ベストセラーを出している作家に、「むっちゃオモロい。本にできるで！」と言ってもらって、嬉しくないわけがない。しかし緊張でなんと答えて良いか分からず、「ありがとうございます」とぺこぺこ頭を下げた。

エンターテイナーとしての迫力

二十時。ライブ配信が始まった。カメラが回り、動画の様子が、手元のパソコン画面に映し出される。これはどこを見たら良いのだろう。カメラか、パソコン画面か、百田さんの顔か。戸惑いながら隣に座っている百田さんを見ると、彼は右耳を少し怪我していた。どうやったら耳なんて怪我するんや。そんなことを思うくらい、私は集中を欠いていた。慌てていることを隠そうと、とりあえずカメラの上の何もない空間を凝視《ぎょうし》して、口角を上げた。あまり上手く上がっていなかったが。

配信が始まると同時に、彼は怒濤《どとう》のように喋り始めた。

「お待たせしました。お待たせしすぎたかもしれません」

私がAV女優だからだろうか、全裸監督、村西とおるさんのモノマネから始まった。

「今日、私の隣におられるのは、今をときめくAV女優、藤かんなさんです。みなさん、早速下品なコメントが多すぎる。ティッシュなんか用意したらあきまへんで！」

パソコンの画面には、視聴者のコメントが右から左に流れている。百田尚樹チャンネルに私が出ているんだ、と改めて実感した。

「今日はどんな話になるのか、流れが摑めません。できるだけエロは抑えたいと思っているのですが、こんな美人を横にして、果たしてそれを抑えられるかが心配です」

怒濤の喋りは続く。彼の喋りはスマホの小さい画面からでも、すごい勢いを感じるが、生はその百倍すごい。エンターテイナーとしての迫力に鳥肌が立った。「番組は冒頭の一分間で、視聴者の心を摑むのが大切」と以前、誰かが言っていた。そうか、百田さんは放送作家でもあるんだ。彼はテレビ番組『探偵！　ナイトスクープ』を三十五年間、創り続けてきた人だ。長寿番組の放送作家であり、ベストセラー作家で新党の代表。そんな人が隣で私を紹介している。今、自分の置かれている状況に、失神しそうだった。

彼はまず、私を知ったきっかけと、私のXの炎上の話をした。

「僕の『カエルの楽園』を読んでくれてるAV女優がおると、僕のファンが教えてくれたんです。よっぽど変わった女優やなと思って、しばらく彼女のXを見てたんです。すると彼女のXが、みるみる炎上し始めたんですよ」

バレエ教室にAVがバレて、バレエ講師を辞めた話である。この時、視聴者からのコメントを見ると、炎上中に何度も見たのと似たコメントが目に入った。

〈絶対バレエ教室でヤッてたよな〉

〈バレエの先生がＡＶ女優はダメに決まってる、悪意を感じる〉

〈バレエが下手くそだから辞めさせられたんだよ〉

〈炎上商法、売名行為、すべて嘘〉

炎上の時に感じた、胸を締め付けられる感覚が蘇《よみがえ》ってきた。

「厳しいコメントもあって、大好きなバレエもやめることになって、あの時はショックが二重に重なったよね」

私の気持ちを知ってか知らずか、彼はそう言った。この人は私よりもっとすごい炎上を経験している人なのにな、と少し恥ずかしくなった。彼の著書『大放言』を読んで、私の炎上なんてボヤに過ぎないと感じた。彼の過去の炎上は、日本中のメディア、さらには外国政府からも叩かれるものだった。それも何度も経験している。ただ、そんな炎上のプロが「辛《つら》かったよなあ」と寄り添ってくれたのは、やはり嬉しかった。

「皆さん、あの炎上ポストはなんと四千万の閲覧《えつらん》数があったそうですよ。日本の人口が大体一億二千万人で、そのうちの四千万って、日本人の三人に一人が見たということになるんですよ。三分の一ですよ」

百田さんは喋りながらも、コメントを拾っていく。

「『閲覧数1919』ってなんやこれ。イクイクやないかい！　そういうこと言うたらあかんて言うてるやろ！　『四千万人が発射』って、いやいや、あのポストで発射は難しいと思いますよ」

喋りながらも視聴者からのコメントにしっかりつっこんでいた。

その後、バレエの話になり、百田さんに「バレエのあの短いスカート、あれなんて呼ぶの？」と聞かれた。

「チュチュです」

「あー、ちゅっちゅ、ちゅっちゅですか」

ちゅっちゅ、て。そらあかんわ。私のおじいちゃんがティッシュのことを「てっしゅ」っていうのと同じやで。

「ちゅっちゅって、キスちゃいますよ。このピラピラ〜ってなってるのが、ちゅっちゅていうんですね。それでね、バーって足広げて、パンツ丸出しでね。あれパンツっていうんだろうか、知りませんけど」

ちゅっちゅの連呼から、パンツ丸出しは反則ですわ。私、AV女優でっせ。彼の喋りに腹を抱えて笑った。百田さんは私を見て言った。

「あ、ごめんね。昭和のおっさんが喋ったらこんなもんやで。『百田いい加減にしろよ』って書かれてるわ」

このオモロいおっさんは、本当にベストセラー作家であり、新党の代表なのだろうか。ただ、みんなを明るくできる人であることは、間違いないのだろう。

ちゅっちゅ、パンツ丸出しの大放言に大笑いしていると、話は彼の著書である『大放言』へ移った。

「彼女はXの炎上からしばらくして、私の『大放言』の感想をポストしてたんですよ。『私の炎上なんか、百田さんの炎上に比べたら、屁みたいなもんや。もっと強くならなあかん』とね」

「屁」じゃなくて「クソ」って言うたんやけどな。でも屁よりクソのほうが汚いか。

「あのポストは嬉しかったですね。私の本が彼女を少しでも勇気付けた、エネルギーを与えることができたかなと思って」

きっと私のような読者は、日本中にたくさんいますよ。

「彼女はXの文章もしっかりしてるし、僕の本も読んでくれてるし、そこで彼女のプロフィールを見てみたんです。すると驚きました。彼女は大阪大学大学院を卒業して、上場企業の研究職に就職したという、素晴らしい経歴を持っていたんです。僕は『この子は一体なんなの？　頭おかしいんちゃうか⁉』と思ったんですね」

痛快な百田節が炸裂《さくれつ》。

「上げて下げますね」

思わずそうつっこんだ。

「ごめんなさいね。これ得意技なのよ」

そう言う彼は楽しそうだった。だがすぐに真面目な顔になり、話を続けた。

「普通はＡＶ、もしくは風俗をやる子は、家庭に問題があったり、金に困ってたりする子が多いんです。でもかんなさんは全く違う。人も羨《うら》むような大学院まで出て、勝ち組と言われる企業に入って、それでいてＡＶ女優になるって——私には理由が思いつかなかったんです。私からすると、彼女は失うものが結構あったと思うんですね」

失うものがたくさんあったはずなのに、なぜＡＶ女優になったのだ。百田さんもそう思うのかと、少し残念だった。私の経歴を知ってそう思う人はたくさんいると思う。だが私は何も失っていないと思っている。バレエも学歴も、仕事のキャリアも、ＡＶ女優になることで、より活かせている気がする。しかしそう思ってしまうところが、「頭おかしい」のかもしれない。

「かんなさんは、私の他の本もかなり読んでくれてるんですが、僕の本はね、相当知的な人でないと読めないですよ」

いやいや、百田さんの本は小学一年生でも読めるくらい、読みやすいですやん。そうつっこもうかと思ったが、やめた。

「そうですね。相当知的な人でないと読めないです」

「知的な」に力を込めて、顎《あご》をぽりぽりしながら肯定した。

きついコメントが飛んできた

本の話題になったので、この日持参していた、百田さんの著書を三冊取り出した。サインをもらおうと、持ってきていたのだ。彼との接点になった『カエルの楽園』、勇気をもらった『大放言』、そして個人的に一番面白かった『風の中のマリア』。我ながら素晴らしい選書である。

〈こういう媚《こ》び売る女、嫌いだわ〉

〈図書館で読んでる人だ〉

〈女受けしない女〉

視聴者からのコメントもしっかり見た。うるせえ！　そんなん知らんがな。作家に「あなたの作品はとても良かったです」と感謝を伝えて何が悪い。

私は『風の中のマリア』がいかに感激したかを伝えた。オオスズメバチの生活の臨場感。擬人化《ぎじんか》しても滑稽《こっけい》にならない表現力。そして何より感激したのは、遺伝学に基づいたオオスズメバチの生殖の仕組み。私は大学で生物学を専攻していた。なので読んでいて、誰かに教えたくなるほど興奮したし、昆虫の生態が、とても分かりやすく書かれていることが嬉しかった。

百田さんは『風の中のマリア』について熱く語ってくれた。私は一視聴者になって聞いていた。時折、話を振られ、返答に焦ったのはバレていなかっただろうか。作家の思いをこんな近くで、しかも生で聞けるなんて、これほど贅沢《ぜいたく》な時間はない。

「みなさん、そろそろ有料タイムに移ります。有料タイムではもっと深い話をします。ティッシュは用意しなくて良いです。ここまで私ばっかり喋ってたので、有料タイムでは、彼女にむっちゃ喋ってもらいますよ」

そう締めくくり、五分間の休憩をとった。その間、視聴者からのコメントを読んだ。

〈休憩中にハゲと合体〉

〈全裸で再登場〉

〈仕事なら誰とでもヤル女〉

〈百田、いまお触りタイム〉

〈はあはあ言って出てきたら有罪〉

画面の向こうには、匿名《とくめい》なら何を言っても良いと思う人が、たくさんいるようだ。今回はAV女優である私が出ていることで、特に下品なコメントが多いのかもしれない。

「厳しいコメントも見えるやろうけど、気にせんで良いからな」

コーヒーを注ぎながら、百田さんが言った。彼は毎回こんなコメントと闘っているのだろう。やはり鋼《はがね》のメンタルの持ち主だ。みんな、言葉の強さを自覚しなはれや。

配信が再開した。話題はついに「なぜAV女優になったのか」。百田さんは私のnoteの冒頭を朗読してから「なんでAV女優になろうと思ったんですか?」と聞いた。この質問にはいつも頭を抱える。たくさんの理由があるため、話すと長くなってしまうのだ。

「自分の才能を活かすフィールドで活躍したいなと思って――」と話し始めたが、上手く思いを伝えられなかった気がする。

早速、きついコメントが飛んできた。

〈前の会社が嫌だっただけじゃん〉

〈みんな我慢して働いてんだよ〉

〈結局病んだだけ〉

〈ただのかまってちゃん〉

そんなコメントを見ているうち、自分がとても弱い人間に思えてきた。私がAV女優になった理由は、会社で評価してもらえないのが、耐えられなかったからだったっけ。しんどいことから逃げるためにAV女優になったんだっけ。上司から「このチームでの君の役割は、緩衝材《かんしょうざい》だから」や、「会社は君がいなくても回るから、休んで良いよ」と言われ、どんどんやる気をなくしてしまった当時のことを思い出して、胸がぐるぐるしてきた。

「そんなやる気を損なわせるようなこと言った上司、アホやな！」

百田さんが勢いよく言った。彼の目を見た。

「会社に必要とされてない、というこの思いはね、人を壊します」

この言葉に胸のぐるぐるは止まった。

「自分は誰かに必要とされている、誰かに自分の存在が望まれている。この思いが人を支えるんです。でも、自分は誰にも必要とされていない、そう思った時にね、人は壊れます。かんなさんはそれに近い状況になっていたんやな」

彼の言葉に救われたとは思わない。私は実際に辛い状況から脱したくて、会社を辞めたのだ。でもそんな私の弱さを、肯定してもらえた気がした。「大丈夫、人間そんなもんやで」と肩を叩いてもらった気がした。

「さて会社を辞めて、そっからAVというのは、段階を二、三段すっ飛ばしてる感じがするんやけど。AVには前から興味があったん？」

なんでこんな質問するのだろうと不思議に思った。だってAVってみんなが興味のあるものでしょ。

「ありました」

「AV見るのが好きやったとか？」

「見てました。好きでした」

百田さんは少し驚いて、「そうか、そやからAV女優になったのか」と呟《つぶや》いた。それは、どういう意味だろう。AVを見るのが好きということが、AV女優になった理由になるのだろうか。だってみんな好きでしょ。

「女性でＡＶを見てるって変わってると思うで」

その言葉に私は反論した。すると彼は、「女性視聴者に向けて、ＡＶを見るか見ないかのアンケートを取ってみよう」と言った。集計結果を待つ間、百田さんは「女性で日常的にＡＶを見てるのは、一〇パーセントくらいやと思うで」と予想したが、私は「八〇パーセントは見てますよ」と言って笑った。本当は一〇〇パーセント見てますよと言いたかったが、少し控えめにした。

結果、「頻繁に見る」と回答した女性は、たったの一二パーセントだった。口元を手で押さえてしまうくらい驚いた。しかしその結果を見て嬉しかった。ＡＶを見るのが好きというのは、私がＡＶ女優になった理由の一つだと気付けたから。

「もしかしてＡＶを見てる私って、レアなんですか」

「おお、レアやで」

百田さんは笑っていた。私もなんだか嬉しくて笑った。自分の新しい一面に気付いたようだった。

話はｎｏｔｅのことになった。

「ところでね、さっきも少し読んだかんなさんのｎｏｔｅは、ほんまに面白いんですわ。

小説家の私からしても、彼女は文才ある。文才があるんです」

十一年連続、百万部を売り上げた記録を持つベストセラー作家から「文才ある」と言ってもらった。しかも二回も。文章を書くことに挑戦して良かった。そのきっかけをくれた後藤さんに会えて良かった。ＡＶ女優になって良かった。これまで本をたくさん読んできて、小さい頃から日記を書いてきて良かった。それもこれも、つまりは私を育ててくれた両親のおかげだろう。

その後も百田さんは、ｎｏｔｅを楽しそうに読んでくれた。

「ＡＶメーカー二社目の面接官がオモロいねん」

「エイトマンの社長は口が上手いな」

「所々でかんなさんは、自分のおっぱいを自慢してるね」

そして最後にこう言った。

「バレエでも仕事でも、かんなさんは生活全般で苦しんだということやね」

私は自分のこれまでを苦しかったと思ってはいけない、と思っていた。バレエができて、大学院まで行かせてもらって、ちゃんと就職もできて。何不自由ない生活が苦しいはずなんてない。苦しいと思うのはただの言い訳で、甘えなんだと思っていた。しかし実は苦しいと思えないことが、一番苦しかったのかもしれない。百田さんが「苦しんだんやね」と言ってくれたことで、自分を少し許せた気がした。

今とっても幸せやで

百田さんが時計を気にしだした。ライブ配信は二時間。気が付けばもう二十二時近くになっていた。そろそろ終わりの時間がやってくる。あっという間の二時間だった。

「ではかんなさん、もしここで言いたいことがあれば、どうぞ」

私の言いたいこと——一番に浮かんできたのは両親のことだった。

「AVが好き、セックスが好きと思うことは、私のキャラクターだと思うんです。そのキャラクターを活かせる場所は、企業の研究職でも、バレエの舞台でもなくて、もっと違うところにあるんじゃないかと思うようになりました。そして考え抜いた末が、AV女優だったんです」

そう言った途端、また容赦ないコメントが続々流れた。

〈勉強できるバカやな〉

〈だってバレエはド素人《しろうと》だもんね〉

〈バレエをするには頭がでかくて、手足が短すぎる〉

〈親はギャン泣き〉

〈会社が悪いんじゃなくて、こいつの心根《こころね》に問題がある〉

なんでこんなにボロクソ言われなあかんねやろう。でもどうでも良いわ。私には味方がいるねん。

「私は今がすごく楽しいです。ＡＶをやったからこそ、文章を書くことができたし、それを人に読んでもらうことができました。今こうして百田さんに会えたのも、ＡＶ女優をやったからです」

「僕と会っても何の得もないけどね」

百田さんはコーヒーを飲みながら、横目で私を見ている。

「得とかそういう問題じゃないんです。人生の思い出。すごい思い出ができたと思っています。私はＡＶ女優になったことに、後悔なんて微塵《みじん》もありません」

するると、コメントの感じが少し変わってきた。

〈ＡＶ女優のイメージが変わった〉

〈感じの良い人で、好感持てました〉

〈間違ってないけど、なんか嫌〉

〈全力の生き方かっこいい〉

視聴者になんと言われようと関係ない。私は両親に伝えたい。「今とっても幸せやで」と。AVをすることで経験できた世界のことを聞かせてあげたい。

「百田尚樹さんに会って、二時間も話してん。一対一のライブ配信やで。すごいでしょ」

「Xの炎上ってすごいねん。会ったこともない人が、ネット上で滅多刺《めったざ》しにしてくるねん。あれはもはや犯罪やで」

「今、文章を書いてるねん。事務所の社長が『あなたは天才だ』って絶賛してくれて、百田さんも『彼女は文才あるんですわ』って言ってくれた。でも『あなたは文章書けるよ』って初めに言ってくれたのは、お父さんとお母さんやったよね」

会社員をやっていたら出会えなかっただろう人の話や、経験できなかった出来事の話、苦しかったことの話も全て、笑って聞いてほしい。そして何より私の文章を読んでほしい。誰よりも両親に読んでほしい。「やっぱりあなたは文章書けたね」と褒めてほしい。

そう、私は両親に褒めてほしいのだ。彼らを喜ばせたい。昔からずっとそうだった。重すぎるくらいの愛情を注いで育ててくれた両親に、笑ってほしいのだ。また「あなたのおかげで人生愉《たの》しいわ」と言ってほしい。

両親のことを想っていると、百田さんは締めの言葉を言い始めた。

「今日、彼女は深刻めいた話し方はしませんでしたけれども、まあおそらく、相当しんどい思いもしたと思います」

過去の記憶が一気に蘇ってきた。AV女優になるまでの不安や葛藤《かっとう》、AV女優になってからの身バレや炎上。バレエや勉強、仕事で味わった挫折や苦しみ、そして諦《あきら》め。

相当しんどい思いをした。そう思って良かったのか。しんどかったと思って良かったのか。百田さんに「よう頑張ってるで」と言ってもらえたようで、体の奥から熱いものが込み上げてきた。

「というわけで、今日はこれで終わりますが……。な、な、泣かんとってください」

百田さんは、隣でブサイクな顔しながら泣いている私に気付き、焦った。

〈葛藤がないわけないよな〉

〈かんなさん、泣かないで。応援してます〉

〈素直で素敵な人〉

〈バレエは体型的に絶対無理〉

〈おばちゃんだけど応援したい〉

〈真面目でエロい、最高やん！〉

〈神回やった〉

画面を埋め尽くすほどのコメントが流れている。百田さんはティッシュをくれた。このティッシュの渡し方に、男の度量が表れると言ったのは、誰だっただろうか。

〈ティッシュの伏線回収きたーー〉

〈ハゲ優しい〉

〈さすが百田尚樹チャンネル〉

ぐちゃぐちゃの泣き顔を、温かく見守られながら、二時間半に及ぶ配信は終了した。

百田さんの仕事場からの帰り道、後藤さんが車を運転しながら言った。

「最後、百田さんは自分が闘ってるからあんなことを言えたんやろな」

百田さんの著書『鋼のメンタル』で、「(私は)失敗するとくよくよするし、嫌なことがあると何もやる気がなくなります。(中略)はっきり言うと、メンタルが弱いのです」と書いていた。『大放言』の彼の炎上史を読むと、炎上の規模の大きさと、量の多さに笑ってしまうくらいだった。

百田さんと二時間半話しただけだったが、激しい生き方をしてきた人であることは、よく分かった。多くの人が彼の言葉に心を動かされ、日本を変えていく人だと期待する。その理由が理解できた。

窓を流れるオレンジ色の街灯を眺めながら、心地良い疲労感に浸《ひた》っていた。さっきまでの緊張と興奮、そしてAV女優になってから、今日ここまで走ってきたことへの達成感だ。物語の章が終わり、これからまた新しい章が始まるような、区切りを感じていた。

「藤かんなが逃げずにやり続けてきた結果やね。AV女優になって、会社を辞めて、文章を書いて、色々ありながらも注目されて、百田さんのとこへ行って、二時間半くらい喋って、最後『よう頑張ってるで』って背中押されて、泣かされるストーリー。誰も想像できひんかったで。今日は俺も、新しい経験させてもらえた。やり続けてたらやっぱりなんか起こるねんな。今日実証できた。やり続けて実証して。それの繰り返し。そうすると上手くいく仕組みが、だんだん分かってくるし、流れができてくる」

後藤さんが言った。怖いものから逃げなくて良かった。エイトマン事務所の面接に行って、初めて後藤さんを見た時、この人は怖い、と感じた。けれどそう思ったからこそ、あえて飛び込んだ。あの時から、人生の流れが変わりだしたと思う。会社で評価されず、全てにやる気をなくし、自分を見失いかけていた頃に比べると、私は今を必死に生きている。

「それにしても、東京に行く前に相応《ふさわ》しい出来事やったね。関西でやることを全てやった感じする。この大阪の夜景、きっと忘れられへんで」

車は淀川《よどがわ》の上の阪神高速を走っていた。一週間後、私は東京に引っ越す。生まれて初めて関西圏外に住むのだ。人生の区切りとして相応しい出来事だった。淀川の上から見た、大阪の街の夜景は、今までで一番輝いて見えた。

いつか私の本が出たら、百田さんに報告しに行こう。

「おお、ついに本になったか。えらい分厚いな。え、次は小説家目指すって？　えええ、ええんちゃいますか。でもやっぱりかんなさん、あんたちょっと頭おかしいな」

そう言う百田さんに私の初めての本を渡すのだ。藤かんなのサインを大きく書いて。

第六章

上京、それから

大阪とも今日でお別れだ

二〇二三年九月十四日。朝八時に引っ越し業者の男性が二人やってきた。

私は社会人になってから、この部屋で八年間暮らしてきた。九畳ほどのワンルームは段ボールがうず高く積まれている。住み慣れた大阪、これまで一度も出たことのなかった関西を出て、東京へ引っ越す日がやってきたのだ。

業者の二人は黙々とその段ボールを運び出していく。テレビや洗濯機、冷蔵庫が毛布に包まれ部屋から出ていく。ベッドが解体され運ばれた跡には、ゾッとするような埃《ほこり》が積もっていた。

「何年住んでたんすか？」

「八年です」

「それは長いですね」

業者の男性は、部屋の隅で三角座りをしている私に言った。ベッドの跡にあった八年分の埃を写真に撮ったが、どうせ見ないだろうなと思い、すぐに消した。大阪を思い出すものは持っていきたくなかった。部屋の中のものが全て運び出され、業者の一人が聞いてきた。

「これで荷物は全てでしょうか。運び忘れがあった場合、お客様ご自身で運んでいただくことになります」

大丈夫だとは思うが、とりあえずキッチンの扉の中を確認した。彼も換気扇横の棚を開けて確認してくれた。

「うわっ！　ここにまだむっちゃ荷物残ってる」

頭上から大きな声が聞こえた。

「嘘やん！」

「嘘です」

彼の冗談だった。嘘ですってなんやねん。しかし初対面でこんなお茶目な接客をしてくれる大阪とも、今日でお別れだ。

引っ越し業者が去った後、部屋を見渡した。見渡すほどの広さもないが、物が何もない部屋はやけに広く感じた。床や窓を軽く掃除し、鍵の引き渡しの時間まで、床に寝転がって天井を眺めた。八年間、この部屋で色々なことがあったはずだが、思い出してみようとすると、あまり何も浮かんでこなかった。思い出して感傷的になってしまうのが、面倒だったのかもしれない。

突然、ＬＩＮＥが鳴った。

「今日引っ越しやろ？　また大阪帰ってきたら声かけて。良かったらご飯行こう！」

私がやめたバレエ教室の先輩、美衣子さんだった。彼女は三十五歳で独身。まるで姉のように慕《した》っていたし、よく食事や遊びにも行った。しかしそんな彼女は、私がＡＶ女優であることを教室の先生にバラした張本人でもある。

約二カ月前、私がバレエ教室をやめ、Ｘが炎上した後、美衣子さんは私にＬＩＮＥをくれた。そして一度会って話がしたいと、食事に誘われた。

「ごめんっ！」

美衣子さんは私を見るなり頭を下げた。私は彼女に言った。

「なんでＡＶ女優やってると分かった時、まず私に言うてくれへんかったんですか？」

「彩ちゃんが私に仕事のことを知られてると思いながら、教室通うのは嫌かなと思ってん。私に知られてたら、他の人も知ってるかもしれへんって、疑心暗鬼になるかなと思って。でも教室のことを思うと、経営者の先生は知っておいたほうが良いと思って、先生一人だけに言った。絶対に誰にも言わんとこうって、約束したはずやってんけど、すぐに広まってしまって。結果、彩ちゃんは教室をやめてしまって……。ほんと、ごめんっ」

彼女に対して怒りや恨みは全くなかった。いつか教室にバレることは覚悟していたし、仕方ないといえば、仕方がなかったのだ。ただなぜ私に一番に知らせてくれなかったのかだけが気になっていた。しかしその理由も分かったから、もう良い。

何度も頭を下げる彼女を見ていると、心苦しくなってきた。私が会社バレした時のネット記事をたまたま見つけたことで、彼女はこうして罪悪感を抱く羽目《はめ》になってしまった。本当は彼女のほうが被害者なのかもしれない。

「もう良いですよ。こちらこそ、黙っていてすみませんでした」

それから美衣子さんとは、女子会のように盛り上がった。AVの仕事はどんなものか、そもそもなぜAV女優になったのか。今ではバレエ教室のほぼ全員が、私の仕事のことを知ってしまっていることなど。

「再来月あたり、東京に引っ越すんです」

私が言うと、美衣子さんは心配そうに言った。

「でもAV撮影は月に一回しかないいんやろ？　東京に住む必要ある？　事務所の社長に東京住んだほうが良いって言われたって、それ、社長に上手く利用されてへん？　今まで関西から出たことないし、東京に知り合いもいないのに、大丈夫かなあ。東京は家賃も物価も高いでえ。私やったら嫌やわ。それに親にはなんて言うん？」

美衣子さんの言い分に少しムッとした。「社長に利用されている」「親にはなんて言う」など、不安をほじくり出すことばかり言わないでくれ。私だって東京に住む決断を、すぐにできたわけではない。土地勘もない、知り合いもいない、そんな東京で暮らすのは正直怖かった。彼女の言う通り、撮影は月に一回しかないのだから、必ずしも東京に住む必要はない。それに親にだってさらに嘘をつくことになる……。

一度、東京に引っ越すことをやめようかと考え、後藤さんに相談したことがあった。すると彼はこう言った。

「藤かんなは絶対東京に住んだほうが良い。これから活躍の場が増えてくる。増えてから東京に行っても遅いねん。東京に住んでるからチャンスを摑めたってことが絶対出てくる。物事を成功させるためには、戦略と熱量と投資やねん。東京に住むのは、その投資」

半ば叱咤《しった》されるようにケツを叩かれた。そういえば彼と初めて会った時も「怖い」と感じた。怖いと思ったものにこそ飛び込んだほうが良いのだ。そして東京へ引っ越すことを決めた。

この日、美衣子さんの話を聞いても心は揺らがなかった。いや、揺らいでしまうから、あえて耳を塞《ふさ》いでいたのかもしれない。

「でも頑張って！　私はいつでも帰ってきてほしいと思ってるよ」

美衣子さんはそう言って帰っていった。その言葉だけで十分だ。

人間の究極はエロ

ＡＶ女優になって二年。友人の対応にも変化があった。ＳＮＳが炎上してから、昔付き合った彼や、体の関係があった元同僚の男から、よく連絡がきた。彼らは「久しぶり、またご飯行こ」「元気？　今どこに住んでんの」と、私がＡＶ女優であることは触れずに、様子を窺《うかが》ってきた。彼らの中には「藤かんなの体は俺が開発した」などと、言いふらしている男もいるらしい。ひどく気味が悪かった。

他にもＸのＤＭで、「百万円で抱かせてほしい」などというメッセージが増えた。こうやってパパ活とかが始まるのかな、と思い、そっとスマホの画面を閉じた。

ＡＶ女優になり、自分自身変化したこともいくつかあった。まずプライベートでセックスをすることがなくなった。自分の体を商品として大事にする意識がついたからでもあるが、それ以上に男への見方が変わったからだと思う。

百田尚樹さんのニコ生に出演して以降、日本中から一目置《いちもく》かれる人物と会う機会が、何度かあった。そんな人たちと会って、人間としてのすごさを知ってしまった以上、「藤かんなの体は俺が開発した」なんて言いふらしている男と会うのは、時間の無駄だと思うのは当然だろう。

この仕事をするようになって、普通に会社員をしていたら会えていない人と会えた。これまでは見ることができなかった世界を見ることができた。経験できないことを経験できた。その感動は大きく、心震えるものだった。セックスを仕事にして、セックス以上に心ときめくものを見つけることができたと思う。より広い世界を知ることで、気付いたことがもう一つある。

人間の究極はエロ。

どれだけ素晴らしい肩書きや権力を持った人も、エロが必ず頭の中にあり、それを切り離すことはできない。なぜなら誰しもエロを通じて女の腹から産まれているのだから。私はそんなエロを仕事にしていることを誇りにさえ思う――。

午後三時、マンションの鍵の引き渡しを済ませ、大阪の中心地、梅田に向かった。出発前に友人の由紀乃と会う予定だった。彼女は高校の頃からの友人で、私がＡＶ女優であることも打ち明けている、なんでも話せる親友だ。

彼女と阪急梅田駅前で合流し、地下街で早めの夕飯を食べた。「東京行くとか、もうすっかり人気女優やん」と話す彼女はいつもと変わらない。久々にプリクラを撮りに行くなどして、街中をぶらぶらと遊んだ。

「今までも二カ月に一回くらいしか会ってなかったけど、東京に行ってしまうのはやっぱり寂しいもんやな」

梅田東通りを歩いていると、由紀乃が突然言った。「またいつでも会えるやん」と彼女の肩を叩こうとしたが、肩に触れることなく、手をジーンズのポケットにしまった。東京に引っ越すと決めて、この時が一番、心揺らいだ瞬間だった。そのくらい彼女はなんでも話せる唯一の親友だった。「一緒に東京で住まへん？」と、喉元《のどもと》まで言葉が出かけたがやめた。自分のことだけで一杯一杯な私に、東京で誰かと一緒に住める余裕はない。きっと一緒に東京に行きたいと思うのは、ただの私の甘えだろう。もし一緒に東京で暮らすことになっても、今はお互いにとって、幸せな結果にならない気がした。

梅田芸術劇場付近のバスターミナルのほうへ一緒に歩き、スターバックスでコーヒーを飲み時間を潰《つぶ》した。そろそろ話題も尽きた頃、由紀乃は「ほな、帰るわ」と立ち上がった。そして「そやそや」とカバンから小さな包みを取り出した。

「これ、餞別《せんべつ》」

中には私の好きなキャラクターが刺繍《ししゅう》されている、ハンカチが入っていた。

「人の門出にハンカチ贈るって、縁起悪いらしいねん。でも手紙を付けると関係なくなるってネットに書いてたから、付けといた」

包み紙には「何かあってもなくても連絡して！」と小さな付箋《ふせん》がついていた。

由紀乃と別れ、バスターミナルに着いた。東京行きのバスが出発するのは二十三時。あと一時間ほどある。周囲は二十代前半くらいの男女が多く、ユニバーサルスタジオジャパンの袋を持った人がたくさんいた。まるで女子高生のようにキャッキャと騒いでいる、隣の男の子たちの会話を聞きながら、昔の思い出を振り返っていた。

幼い頃、夜中に家を出発して、家族で四国旅行をした。大学生の頃、夜行バスに乗ってディズニーランドに行った。社会人の頃は大勢の同僚とバスをチャーターして、早朝の雪山を滑りに行った。夜中に出発する先には、いつもワクワクが待っていた。私がこれから向かう先にも、きっとワクワクすることがたくさん待っているのだろう。

バスがやってきた。中に乗り込むと、座席の間隔は思っていたよりずっと狭かった。東京まで大丈夫だろうか。東京移動に夜行バスを選択したことを少し後悔した。そもそもなぜ新幹線でなく夜行バスなのか。あまり深い理由はない。十四日に荷出しをして、荷物がやってくるのは翌日の十五日。十四日の夜はどこで寝ようか悩んだ挙句、夜行バスを選択した。もしかすると久々に夜行バスに乗ってみたいという、好奇心もあったのかもしれない。

バスが出発した。すぐに目を瞑《つむ》り寝ようとした。しかし三十分経っても一時間経っても、一向に眠気はやってこない。薄目で周囲を見回した。みんな音楽を聞いていたり、スマホを見ていたり、全く寝る気配がない。やっぱり若者は違うな。私もまだ若いけど。

引き続き目を瞑りながら、東京へ着いてからのことを考えた。ガス開栓の立ち合いは何時だっただろうか。そもそも連絡しただろうか。そういえば水道会社には連絡しなかったけど、大丈夫なんだっけ……。考え出すとますます眠気は遠のいた。椅子に座っているのも辛《つら》い。早くサービスエリアで休憩しないかな。もはや寝ることは諦《あきら》めていた。

結局一睡もできず、午前六時に東京、鍛冶橋《かじばし》駐車場に到着した。バスに乗る前のワクワクは微塵《みじん》も残っていなかった。

母親から突然の連絡

東京に引っ越して一週間ほど経った頃、母親から突然LINEがきた。

「郵便物が実家に届いてたから、転送しておいたよ」

まずい！

両親には東京へ引っ越したことを伝えていなかった。もちろんAV女優をしていることもまだ知らない。両親の中で私は、以前勤めていた会社に、まだ勤めていることになっている。本社は東京にあるから、いつか東京転勤になる可能性はあると、布石は打っていた。しかしいざ東京への引っ越しが決まると、嘘に嘘を重ねるようで言えていなかった。

母はよく言った。

「頻繁に会えなくても、娘が近くに住んでるってだけで安心するもんよ。大阪に住んでてくれて良かった。本当はもっと顔見せに帰ってきてほしいけどね」

東京に引っ越したなんて知ったら、間違いなく悲しむだろう。しかしもう告白しなければならない。実家に届いた郵便物を転送してくれても、また再び実家に戻ってしまう。バレるのは時間の問題だ。

「実は東京に引っ越してん。ごめんやけど、転送してくれた郵便物、また戻ってくるわ」

LINEを返した数分後、母から電話がかかってきた。

「なんでえ」

母の一言目はそれだった。きっと驚きすぎて、他に言葉が見つからなかったのだろう。

私は「東京本社に転勤になった」と伝えた。「バタバタしてて言う余裕がなかった。言ったらショック受けるだろうから、伝えられなかった、ごめん」と。

「もお、びっくりしたよ。引っ越しは大変やったやろう。手伝いに行ったのに」

「手伝いに行くって大騒ぎされるのがしんどいから、言われへんかったんよ」

時々、母の愛情が重くて辛くなる。

「それもそうやな。とにかく元気なん？　体調だけが心配やわ」

胸が締め付けられた。母はなぜ引っ越すことを言わなかったのかよりも、私の体調を一番に心配した。そう思うだろうことも分かっていた。それが辛かった。私はまだ会社員をしていると嘘をついて、東京本社に転勤になったと、さらに嘘をついた。それでも母は変わらない愛情を注いでくる。苦しかった。いっそ「何か変なことしてるんちゃうの？」と訝《いぶか》しんでほしかった。

「体調は大丈夫やで。引っ越しの片付けも落ち着いたし」

それ以上、言葉が出なかった。声が震えてしまいそうだったから。

「そうか、なら良いんやけど」

母はそう言って、父に電話を代わった。電話口からは父の怒っている雰囲気が伝わってきた。

父は昔から心配すると怒る。私が熱を出して寝込んだ時は、私を見るなりチッと舌打ちをし、部屋のドアを大きな音を立てて閉め、苛立《いらだ》った足音で階段を降りていった。学校で転んで顔を汚した時も、「なんで顔からこけるねん！」と泣いている私に怒鳴り、痛くて泣いている私を、さらに泣かせた。

「お父さんはね、あんたが苦しんでるのを見るのが辛くて、自分に怒ってるんよ。気にせんで良いからね」

母はいつもそう解説してくれた。父は不器用な人だが、愛情が厚い。今は昔ほど過激ではないが、この日も「なんで会社は娘を東京に転勤させるねん」と憤《いきどお》っているようだった。

父は「体はしんどないんか」「ちゃんと食べれてるんか」などと心配し、早々に電話を切った。

切った後、父から短いＬＩＮＥが送られてきた。

「気をつけて。いつでも想ってます」

それに返事はできなかった。

両親と一泊二日の鎌倉旅行

一カ月後、両親を一泊二日の鎌倉旅行に誘った。私の引っ越しを知り、彼らは明らかに元気をなくしてしまっていた。だから元気付けたかった。しかしそれは建前で、親に嘘をついている罪悪感を、少しでも払拭《ふっしょく》したかったのだと思う。お金で罪を償おうとしているようで、情けなかったが、今はこれしかできなかった。

鎌倉駅で両親と合流した。会うのは約一年ぶりだ。会うたびに思う。だんだん小さくなってきているなと。二人は確実に歳をとっている。当たり前のことで、嘆《なげ》くことでもないのだが、それを感じる瞬間はいつもハッとする。会えるうちに会っておかなければと思うが、彼らに嘘をついている罪悪感が、足を遠ざけさせる。両親は久々に会えて嬉しそうだった。私も気持ちが緩んだ。やはりいくつになっても、この両親の子なんだなと思う。社会人になって、完全に親元を離れて生活して、独りで生きている気になっていたが、心のどこかでは両親を拠《よ》り所《どころ》にしているのだと思う。

一日目は江ノ電に乗って江ノ島に行き、二日目は鎌倉の大仏を見に行ってと、定番の観光をした。両親に、東京に来て感じた大阪との違いや、バレエは続けている話、水泳を始めた話、最近読んだ本、見た映画の話をたくさん話した。彼らは楽しそうにずっと聞いていた。「あんたの話は本当に面白いわ」と。

父からは仕事のことを聞かれた。朝は何時に起きるのか。東京の電車通勤はしんどくないのか。どんな部署に異動になって、どんな仕事をしてるのか。残業は多いのか。辛くはないのか。これに対して全て作り話をしないといけないのが、一番辛かった。

「AVの仕事は楽ではないけど、愉《たの》しいよ。今の生活はまさに『楽しい』でなくて、『愉しい』やわ。お父さんは昔、苦労や努力の先に得られる『たのしい』は、『愉しい』の漢字を使うんやでって教えてくれたよね」

こんな話がしたかった。AV女優になってからの話で、きっと三日間は話し続けられる。今、本気で向き合っていることの話ができないのは、もどかしかった。

旅行二日目、両親は昼過ぎに関西へ帰る予定だった。鎌倉の駅前で昼食をとり、帰りの電車を待つホームで母は言った。

「お母さんは母親と上手くいかなかったやん。小さい頃、辛い思いもしたし、寂しい思いもした」

この話は何度か聞いていた。母の両親は仲が悪く、母のお母さん、つまり私の祖母は、母が小学生の頃、家を出て行った。それからも母と祖母は度々《たびたび》会う機会があったそうだが、母にとって、母親に捨てられた、というショックは、今も残り続けているらしい。母は話を続けた。

「今もやっぱり、母親を責める気持ちが残ってるのね。でも実の母親を責めてしまう自分って嫌だなと思う。我が子には絶対、自分と同じ思いをさせたくないと思ったし、私は母親みたいになりたくないって思ってるのよ。我が子の呪いになりたくないの」

父は隣から「次、実家にはいつ帰ってくるの？」と聞いてくる。父は話を聞いていないふりをしているが、情の厚い父のことだ。母の抱える事情に憤り、寄り添ってきたのだろう。

「自分ではそんな気がなくても、無自覚に子供の呪いになってることがある。彩はもう大人なんやから、干渉せんとこ、考えんとこと思っても、やっぱり我が子のことは何よりも気になるんよね。あなたはあなたの人生。ただ健康に生きてくれたら良いのにね。お母さんは彩が幸せでいてくれたら、それで良いのよ」

母はもしかすると、私の仕事のことを察しているのかもしれない。いつか本当のこと両親に話したいと思っていたが、言わなくても良い気がした。私が幸せでいること、それが本当に彼女の望むことならば。

「年末は帰るから」

「待ってるよ！　有休多めに取らせてもらい。貴重な二日間をありがとう」

東京駅で両親と別れた。母は少し泣いていた。


「あなたが元気で幸せなら、それだけで良い」

その年の大晦日《おおみそか》。実家に帰った。「年末は帰るから」と言ったが、本当はあまり帰りたくなかった。両親に仕事のことを嘘ついている以上、顔を合わせるのはいつも気まずかった。さらに、帰省中に兄家族とも会う予定だったため、もしバレていたらどうしようという不安があった。しかしそれは杞憂《きゆう》にすぎず、毎年と変わらない年末年始を過ごした。紅白を見ながら年越し蕎麦《そば》を食べ、元旦はニューイヤー駅伝を見て、近所の神社に初詣《はつもうで》。二日は箱根駅伝を見て、兄家族がやって来た。

兄は言った。

「東京に転勤になったんやってな。おめでとう」

東京の本社へ転勤になったことを「ご栄転や」と喜んでくれた。そしてお互いの仕事のことや、生活のこと、昔の話などをした。私の仕事はもちろん会社員の設定だ。

「まさか兄妹で仕事の話をする時がくるとはな。なんか嬉しいわ」

兄はまだ私がAV女優をしていることを、本当に知らないようだった。兄が目の前でX上のニュースを見ていて、私はその隣で藤かんなのXを更新する。それを冷静にできてしまう自分が恐ろしかった。

一月四日、再び東京に戻る日がやってきた。両親と離れることで気が楽になる思いと、もう少し両親とゆっくり過ごしたい思いがない交ぜになり、朝からぼんやりテレビばかりを見ていた。

両親はJRの駅まで車で送ってくれた。父がロータリーに車を停めた。母は「改札まで送るよ」と言ったが、断った。さよならをする時、母は絶対に泣くと分かっていたから。母の涙は何よりも辛い。母が泣くと父まで悲しい顔をするから、さらに辛い。

「送らなくて良いよ。お父さんと一緒におって」

そう言って改札への階段を昇っていった。振り返ることはしなかった。

東京に戻り、正月中の実家での日々を思い出していた。

「あなたが元気で幸せなら、それだけで良い」

母はこの正月、独り言みたいにこの言葉を何度も言っていた。台所で料理をしている時、みんなでテレビを見ている時、初詣にお参りに行っている時。つぶやきのような小さい声を聞くたびに、私の胸は握りつぶされそうになった。なぜその言葉をやたら言うのだろう。この年始は能登半島地震やＪＡＬの飛行機事故など、暗いニュースが多かったから、不安になってそう言ったのかもしれない。でも、母は何かを察してる気がしてならなかった。

もしかすると、母は私の仕事に気付いているのだろうか。ふとそう考えた。いや、そんなことはないだろう。だって正月はいつもと変わらず話していたではないか。

でも、母は一度も私に仕事の話をしなかった。父も兄も私に仕事のことを聞いてきたのに、母はその時はずっと黙っていた。さらには、帰省するといつも「もっとご飯食べなさい」とうるさいのに、今回の帰省では一度も食べさせようとはしなかった。仕事のことを知りつつ、それを隠して普通に接してくれていたとしたら。私が嘘をついていると知っていて、あえて何も聞いてこなかったとしたら……。

そう思った時、体中の血が凍る思いがした。もしそうなら、私は母になんて酷《こく》なことをしているのだろう。母は娘がＡＶ女優だと知った瞬間、どう思っただろう。それからどんな日々を過ごしたのだろう。悩んで悩んで、誰にも何も言うまいと決めたのか？　その思いを一人で抱えたまま、普通に正月を過ごしていたのか？

そんなことがあって良いものか。母にそんな地獄を見せるためにＡＶ女優になったのではない。ああ、私はなんて間抜けで愚かなんだろう！

息が詰まってきた。考えがまとまらない。一旦外の空気を吸おうと、散歩に出かけた。東京は夜でも人がたくさんいる。灯《あか》りもたくさんあって明るい。でもその灯りのせいで、すれ違う人たちが、私の顔を見てくるじゃないか。涙が流れるままに、ただ黙々と歩き続ける私の顔を。歩きながら色々なことが蘇《よみがえ》る。

以前、後藤さんは私にこんなことを言った。

「子供は親から注いでもらった愛情を、親に返さなくて良い。自分の子供に注いだら良い。これは命のバトンやから。俺たち人間のゴールは遺伝子を引き継ぐことやねん。それが分かったら、親が悲しんでるからって泣く必要はない。結局それは、自分がかわいそうで泣いてるだけや」

私たちはただの器《うつわ》で、命のバトンを繋ぐだけ。そう思うと、生きるのがとても楽に感じられた。両親のこともくよくよ考えすぎずに、AV女優の仕事に打ち込めるようになった。私は堂々と前だけ向いて歩いていける。そう思っていた。

でも、やっぱりまだダメみたい。後藤さんの言ったことを分かったつもりでいたけれど、全く分かっていなかった。だってこの通り、母を思うと、鼻の奥が痛くて痛くてたまらない。自分がかわいそうでボロボロ泣いている女が、東京の夜道を歩いている。

一月四日、実家から東京へ帰った日、発車する電車の窓から、駅前のロータリーにまだ両親の車が停まっているのが見えた。そしてその横には、車の外に立ったままの両親の姿があった。彼らは私の乗った電車が出発するまで、ずっと待っていたのだ。母は電車の中の私を見つけると、大きく手を振った。父に寄り添うようにして、手を振りながら泣いていた。

あの涙には一体どれだけの気持ちがこもっていたのだろう。電車の中の私に手を振りながら、母は一体何を思っていたのだろう。どうか、母が全てを知っているなんて、私の考えすぎであってほしい。母は黙って私を受け入れようとしてくれたなんて、嘘であってほしい。そんなすごい母親でなくて良い。もう十分すごい母親や。いっそ私を引っ叩《ぱた》いて罵《ののし》ってくれ。そのほうがどれだけ楽か。

どうか、どうか、どうか、もう私のせいで苦しまんとって。お願いや。

一時間ほど歩いて家に帰った。目の周りは熱を帯びて腫《は》れぼったい。エレベーターに乗る前に郵便受けの中を確認した。年賀状が一枚入っていた。両親からだった。

「鎌倉旅行ありがとう。とても楽しかった。あなたが幸せであるよう、毎日しっかり祈ります」

母の綺麗な文字が添えられていた。

いつか母に全て話したい。AV女優になるまでのこと、なってからのこと。この数年間で経験したこと、感じてきたこと。全て聞いてほしい。

「あんたが幸せそうで良かった」

どうかそう言って笑ってほしい。

藤かんなの本名「高木彩」を含む文中一部仮名

藤かんな（ふじ・かんな）

大阪大学大学院の理学研究科を卒業。上場企業で研究職をしていた2022年、『週刊ポスト』（小学館）でグラビアデビュー。デジタル写真集『ヘアヌードの湖』が大ヒットし、マドンナ専属女優としてAVデビュー。4歳からバレエを続け、AV出演が理由でバレエ講師をクビになったことを、X（旧ツイッター）に投稿して大炎上——。2024年5月、初の著書『はだかの白鳥～阪大大学院卒でAV女優に～』（小社刊）とファースト写真集『白鳥、翔ぶ』（徳間書店）を同時リリース！　エイトマン所属。

はだかの白鳥　阪大大学院卒でAV女優に

2024年5月31日　第1刷発行
2024年7月31日　第4刷発行

著　　者　藤かんな
発 行 者　花田紀凱
発 行 所　株式会社　飛鳥新社
〒101-0003　東京都千代田区一ツ橋2-4-3　光文恒産ビル2F
電話　03-3263-7770（営業）　03-3263-5726（編集）
https://www.asukashinsha.co.jp
装　　幀　DOT・STUDIO
写　　真　西田幸樹
印刷・製本　中央精版印刷株式会社

ISBN 978-4-86801-015-9

編集担当　野中秀哉